História Entrelaçada

Neusa Barbosa Bastos
Dieli Vesaro Palma
(Orgs.)

HISTÓRIA ENTRELAÇADA: A CONSTRUÇÃO DE GRAMÁTICAS E O ENSINO DE LÍNGUA PORTUGUESA DO SÉCULO XVI AO XIX

IP-PUC/SP
Editora Lucerna
Rio de Janeiro – 2004

Copyright © 2004 *by*
Neusa Barbosa Bastos e Dieli Vesaro Palma

Todos os direitos reservados e protegidos.
Proibida a duplicação ou reprodução deste livro ou partes do mesmo, sob quaisquer meios, sem autorização expressa dos editores.

Produção gráfica
Editora Lucerna

Diagramação
Victoria Rabello

Capa
UpLine/Rossana Henriques

CIP-Brasil. Catalogação na fonte
Sindicato Nacional dos Editores de Livros, RJ

B58

    História entrelaçada: a construção de gramáticas e o ensino de língua portuguesa do século XVI ao XIX / Neusa Barbosa Bastos, Dieli Vesaro Palma (org.). – Rio de Janeiro : Lucerna, 2004
160p. ; 23cm.

    Inclui Bibliografia

    ISBN 85-86930-34-2

    1. Língua portuguesa – História. 2. Língua portuguesa – Gramática. 3. Língua portuguesa – Estudo e ensino.
    I. Bastos, Neusa Barbosa. II. Palma, Dieli Vesaro.

04-0267

CDD-469.09
CDU-811.134.3(09)

IP-PUC/SP
R. Ministro Godoy, 1.181
CEP 05009-000 – São Paulo – SP
Tel: (11) 3862-7640 / 3081-4555
www.ippucsp.org / ippucsp@pucsp.br

EDITORA LUCERNA® é marca registrada da
EDITORA YH LUCERNA LTDA.
Rua Colina, 60 / sl. 210 – Jd. Guanabara
CEP 21931-380 – Rio de Janeiro – RJ
Telefax: (21) 3393-3334 / 2462-3976 / 3473-2448
www.lucerna.com.br / info@lucerna.com.br
Caixa Postal 32054 – CEP 21933-970 – Rio de Janeiro – RJ

SUMÁRIO

Prefácio 7

Considerações iniciais 9

Reflexões sobre a Historiografia Lingüística 15

A Gramática da Linguagem Portuguesa de Fernão de Oliveira:
desvelando a relação entre gramática e ensino no século XVI 25
NANCY DOS SANTOS CASAGRANDE

Porta de línguas: gramática e ensino numa visão plurilíngüe 45
NEUSA MARIA OLIVEIRA BARBOSA BASTOS
DIELI VESARO PALMA

A Arte da Grammatica da Lingua Portugueza, de Reis Lobato,
e sua contribuição para o ensino do Português no Brasil do século XVIII 75
MARILENA ZANON
ROSEMEIRE LEÃO DA SILVA FACCINA

Primeira metade do século XIX: em busca da identidade nacional:
Frei Joaquim do Amor Divino e Caneca 91
MARIA IGNEZ SALGADO DE MELLO FRANCO

Segunda metade do século XIX: Da apoteose do sentimento
à anatomia da língua 117
MARIA LAURA PINHEIRO RICCIARDI

Considerações Finais 141

Sobre os autores 151

Bibliografia 153

Prefácio

EVANILDO BECHARA

O conjunto do cinco estudos levados a efeito por competentes professoras da Pontifícia Universidade Católica de São Paulo e da Universidade Presbiteriana Mackenzie de São Paulo, todas pesquisadoras do Instituto de Pesquisas Lingüísticas "Sedes Sapientiae" para estudos de português da PUC/SP, se inserem nas atividades desenvolvidas pelo Grupo de Pesquisa em Historiografia da Língua Portuguesa, ligado ao Programa de Estudos Pós-Graduados em Língua Portuguesa da PUC/SP e ao Programa de Pós-Graduação em Letras da UPM/SP.

Os cinco estudos abarcam um largo período de atividades gramaticais que vai do século XVI ao XIX. Assim, além das Considerações Iniciais (1-4), Reflexões sobre Historiografia Lingüística (5-13), Considerações Finais (107-113) e Bibliografia das fontes primárias e secundárias (114-121), o livro se compõe das seguintes partes: "*A Gramática da Língua Portuguesa*, de Fernão de Oliveira: desvelando a relação entre gramática e ensino no século XVI" (Prof.ª Nancy dos Santos Casagrande); "*Porta de Línguas*: gramática e ensino numa visão plurilíngüe" (Prof.ª Dieli Vesaro Palma e Prof.ª Neusa Maria Oliveira Barbosa Bastos); "A *Arte da Gramática da Língua Portuguesa* de Reis Lobato e sua contribuição para o ensino do Português no Brasil, no século XVIII" (Prof.ª Marilena Zanon e Prof.ª Rosemeire Leão Silva Faccina); "Primeira Metade do século XIX: em busca da identidade nacional: Frei Joaquim do Amor Divino Caneca (Prof.ª Maria Ignez Salgado de Mello Franco) e "Segunda Metade do Século XIX: da apoteose do sentimento à anatomia da língua" (Prof.ª Maria Laura Pinheiro Ricciardi).

Estes estudos visam a contribuir para um melhor conhecimento do percurso reflexivo na elaboração de cinco obras gramaticais de língua portuguesa escritas entre os séculos XVI e XIX, estampadas em Portugal e no Brasil, e das possíveis conseqüências que puderam exercer nas diferentes concepções metodológicas que orientaram o ensino de nossa língua nessa quadra de tempo.

Trabalharam os autores conforme os parâmetros adotados pela Historiografia Lingüística como foi a disciplina concebida e instrumentalizada pela ação e pelas obras dos lingüistas Konrad Koerner e Pierre Swigger e, entre nós, por Cristina Altman.

Segundo os postulados da historiografia lingüística, o investigador tem de levar em conta diferentes dimensões dos processos de produção do conhecimento. Imbuídas dessa orientação, as autoras, selecionando cinco obras representativas desse percurso em Portugal e no Brasil, se detiveram naqueles pontos fundamentais que marcam sua preocupação investigativa, resumidas assim nas Considerações Finais do trabalho:

> "(...) focalizar gramáticas produzidas nesses quatro séculos é, concomitantemente lançar-se o olhar sobre o ensino da língua e sobre as concepções gramaticais que orientaram. É esse o objetivo pretendido neste trabalho, que, para ser concretizado, segue os princípios e critérios propostos pela Historiografia Lingüística.
> Nesse sentido, pela observância do princípio da contextualização, é possível reconstruir-se o espírito da época ou a visão do mundo dominante em cada um dos séculos estudados, explicitando linhas a mestras em torno das quais o clima de opinião é construído. Assim, o século XVI caracteriza-se como o período da consolidação da Nação Portuguesa e como o registro da sua língua nacional; o século XVII, como o momento do domínio espanhol em Portugal e a luta incessante dos portugueses pela reconquista da liberdade; o século XVIII, como a fase da modernização do Estado português pela influência de idéias iluministas, sob a liderança do Marquês de Pombal, e o século XIX, como o período do surgimento do Estado brasileiro e a defesa de uma língua nacional, dando-lhe identidade" (107).

Diante de tão amplo quadro, as autoras tiveram de selecionar as questões que as cinco obras ofereciam num primeiro recorte da investigação, para depois, num segundo momento, voltarem a estudar as obras dentro de outros interesses. É o que nos dizem neste outro passo inicial da obra:

> "Nossas análise, cujos procedimentos foram de seleção, ordenação, interpretação e reconstrução das fontes primárias, ficarão restritas ao prefácio de cada obra; no entanto, apresentaremos, também, as subdivisões das categorias gramaticais que cada autor propõe em seu compêndio, sem serem elas objetos de análises que, como disse, Fernão de Oliveira, outrora, ficarão para uma próxima anotação da Língua Portuguesa" (13).

Estudos desta natureza nos ajudarão melhor a contextualizar as produções gramaticais de outras épocas, debaixo da influência de outros fatores que orientaram suas produções. Só levando em conta esses fatores é que poderemos com justiça avaliar a contribuição dos autores que nos precederam e que ajudaram a construir o edifício de nossa disciplina.

Ficamos a dever às autoras esta importante contribuição.

Considerações iniciais

> Todos os homens, no decorrer de tantos séculos,
> devem ser considerados como um mesmo homem
> que subsiste sempre e que aprende continuamente.
> *Blaise Pascal*[1]

Para fazer uma reflexão acerca do percurso histórico das gramáticas de Língua Portuguesa, numa perspectiva historiográfica, parece-nos relevante mencionar nosso interesse investigativo que se cingiu a um panorama românico do mundo, centralizado em uma visão lusófona restrita a Portugal e ao Brasil, desde a colonização de nosso país até o século XIX.

Temos como objetivo verificar as diferentes concepções de gramática e sua estrutura e, a partir delas, observar as diferentes formas de se entender o ensino de Língua Portuguesa.

Assim é que, neste livro, delimitamos o campo de trabalho, colocando a questão central, que consiste em um olhar explicativo sobre a relação entre o ensino de Língua Portuguesa e as gramáticas do Português, vistas em sua organização assentada no modelo greco-latino, com as adequações sofridas através dos tempos por interferências internas e/ou externas.

Importa-nos investigar, portanto, quem são os estudiosos da ciência da língua selecionados? O que é gramática para eles? O que pensam sobre o ensino de Português? Em que medida adotaram em suas obras os conhecimentos acatados na época, ou deles se afastaram pela crença em valores diferenciados? Qual o grau de representatividade das obras na época, e além dela? Que contribuição deixaram, a ponto de, hoje, analisarmos suas gramáticas numa perspectiva da Historiografia Lingüística?

Por um lado, o conhecimento da vida e da obra dos gramáticos selecionados responderá a algumas perguntas. Por outro, somente a análise dos textos responderá a nossas indagações.

---

[1] Toute la suite des hommes, pendant le cours de tant de siècles, doit être considérée comme um même homme qui subsiste toujours et qui aprend continuellement. – *Blaise Pascal, trad. das autoras*

Assim feitas as preliminares, decidimos proceder a uma reflexão sobre as gramáticas de Português e sobre a visão que os gramáticos tinham acerca da Língua Portuguesa através dos séculos, por meio das produções gramaticais selecionadas, enfocando os posicionamentos lingüístico-pedagógicos constantes das obras e as implicações socioculturais referentes aos diversos momentos históricos ocorridos desde a época da colonização brasileira até o século XIX.

Há que se mencionar neste momento que este trabalho faz parte de um projeto mais amplo, desenvolvido por professores da Pontifícia Universidade Católica de São Paulo e da Universidade Presbiteriana Mackenzie de São Paulo, pesquisadores do no IP-PUC/SP (Instituto de Pesquisas Lingüísticas "Sedes Sapientiae" para estudos de Português da PUC/SP). Trata-se do Grupo de Pesquisa em Historiografia da Língua Portuguesa, cadastrado no Diretório de Pesquisa do CNPq, ligado ao Programa de Estudos Pós-Graduados em Língua Portuguesa da PUC/SP e ao Programa de Pós-Graduação em Letras da UPM/SP.

Atualmente, conta com muitos professores interessados neste tipo de pesquisa; no entanto o Grupo, desde o início deste trabalho, compunha-se dos seguintes membros: Professoras Doutoras: Dieli Vesaro Palma, Neusa Maria Oliveira Barbosa Bastos (líderes do Grupo), Nancy dos Santos Casagrande e Rosemeire Leão da Silva Faccina; Professoras Mestres: Maria Ignez Salgado de Melo Franco, Maria Laura Pinheiro Ricciardi e Marilena Zanon (doutoranda na PUC/SP).

Em seguida, cumprimos os procedimentos metodológicos da Historiografia Lingüística, de acordo com Koerner e Swiggers, para o desenvolvimento das formas de implantação, expressão e normatização de uma língua sobre prismas históricos sucessivos e descontínuos. E então, a partir de tais autores e de Altman, nossa concepção de Historiografia Lingüística assim se apresenta: é o modo de escrever a história do saber lingüístico, tendo como objetivo descrever/explicar como se desenvolveu tal saber em um determinado contexto. Vista assim, tal concepção leva-nos não só à análise de um produto acabado dentro de um recorte no tempo, mas também à consideração de seus mecanismos geradores, conduzindo-nos a uma visão pancrônica da realidade. Afinal, uma obra em questão será sempre explicada mais profundamente quando, nela, percebemos as etapas de conhecimento que a engendraram.

E assim, na busca das interferências e na indicação das adequações necessárias, pretendemos traçar o percurso do Português, relacionando ensino de língua materna e gramáticas tradicionais (GTs: entendendo-as como as gramáticas normativo-descritivas assentadas no modelo greco-latino), baseadas num discurso sobre o passado, sem que mencionemos a história dos fatos passados como mero registro da história, mas considerando-os como a dimensão externa a ser investigada. Julgamos ter, dessa forma, realizado uma abordagem historiográfica: baseamo-nos em princípios científicos vinculados a determinados contextos espaço-temporais, adotando uma postura de historiógrafos diante das gramáticas e do ensino de Língua Portuguesa.

Gostaríamos, agora, de expor cinco pontos fundamentais vistos como procedimentos metodológicos na elaboração do livro.

Primeiro ponto: *princípios básicos*. O historiógrafo, como qualquer outro cientista, não trabalha sem princípios que o norteiem, visando à credibilidade de sua pesquisa. Em nosso caso, três são eles: a) a contextualização; b) a imanência e c) a adequação.

O primeiro princípio diz respeito ao seguinte: as mais variadas correntes – filosóficas, políticas, econômicas, cientificas e artísticas – ao se interinfluenciarem, marcam indelevelmente todo um determinado período histórico, e dentro dele, portanto, o pensamento lingüístico e a sociedade em geral. Isso nos impele a recorrer ao "clima de opinião" cultural da época em que determinado pensamento se desenvolveu; clima formado pelo endosso e pelo abandono de valores, a partir da revisão de paradigmas.

O segundo princípio refere-se ao esforço do historiógrafo de entender o texto lingüístico produzido nos séculos enfocados de forma completa, histórica e criticamente, e filologicamente se possível. Entretanto, tal atitude não poderá desviá-lo da fidelidade as que foi dito, ou seja, cabe-lhe respeitar não só o quadro geral da teoria em questão, como também as acepções terminológicas definidas internamente, e não em referência à doutrina lingüística moderna, qualquer que seja a linha teórica que o embase.

O terceiro princípio relaciona-se com a obediência aos dois primeiros. Diz respeito ao momento de o historiógrafo, de forma implícita, aventurar-se a introduzir aproximações modernas do vocabulário técnico e a construir um quadro conceitual de trabalho que permita, à apreciação dos textos analisados, seus conceitos e teorias, com a constatação das afinidades de significado que subjazem a ambas as definições.

Segundo ponto: *passos investigativos*. Atentas a estes três princípios, prosseguimos o trabalho na abordagem do item (2), referente aos "passos investigativos", que abrangem quatro momentos: seleção, ordenação, reconstrução e interpretação.

No primeiro passo, fizemos a seleção de documentos gramaticais a serem estudados dentre todos os que havia, elegendo os mais representativos por terem colaborado com a instauração e manutenção da Língua/Nação/Estado, nos séculos XVI, XVII, XVIII e XIX.

Em segundo lugar, havendo mais de um documento, isto é, um documento por século, imprimimos uma ordem cronológica em nosso caso particular, uma vez que pretendíamos estabelecer um percurso das gramáticas da Língua Portuguesa, numa perspectiva historiográfica, enfocando os posicionamentos lingüístico-pedagógicos constantes das obras e as implicações sócio-culturais referentes aos diversos momentos históricos.

Em seguida, buscamos reconstruir o conhecimento lingüístico dos vários recortes temporais considerados, baseando-nos, por fim, na interpretação crítica do processo dessa produção contextualizada a partir do clima de opinião delineado.

Além dos *princípios* e dos *passos investigativos*, um terceiro ponto se impôs na condução metodológica do trabalho: a *questão das fontes*, que podem ser primárias e secundárias.

Inicialmente, como todos os historiógrafos, fomos às fontes primárias (documentos originais), para delas extrair elementos que nos permitiram dar, seguramente, os passos investigativos. Depois, lançamos mão das fontes secundárias, ou seja, aquelas que (às vezes escassas) permitiram verificar o que já fora estudado sobre os documentos que tínhamos em mãos.

Um quarto ponto ainda foi considerado em nosso trabalho: *as dimensões cognitiva e social*. A primeira, vista como "interna", inclui-se nos recortes espaço-temporais determinados, buscando, amplamente, as linhas teórico e/ ou metodológicas que a orientaram. A segunda, vista como "externa", busca alcançar aspectos sociais com relação aos grupos de gramáticos em questão.

Claro está que as etapas metodológicas aqui enumeradas, fazendo-nos supor certa ordem, não são rigidamente estanques, visto que a *análise das fontes* supõe, de certa forma, a consideração dos *passos investigativos*, e que todo esse conjunto, além das *dimensões cognitiva e social*, se subordina aos *princípios básicos*.

Finalmente, o último ponto: *os critérios de análise*. Detectam-se aqui as "categorias", que, entre outros requisitos, imprimem cientificidade a um trabalho.

Consideramos como "categoria" um aspecto, saliente em uma obra, e revelador de um ponto de vista que a alicerça e que pode manifestar-se nos mais diversos níveis lingüísticos, sublinhando, assim, "uma crença em...". A categoria, como se vê, resumindo e salientando um intrincado de valores traduzidos em língua, reveste-se de tal importância que, alheio a ela, o historiógrafo poderá priorizar o episódico. Assim, tendo esse ponto de apoio, estabelecemos, na análise da relação entre ensino de Língua Portuguesa e gramáticas do Português dos séculos considerados, duas categorias: a) apresentação/organização das obras e b) intenção teórico-metodológica dos autores que, explicitamente ou não, levando em conta o item a), desenvolveram políticas de Língua Portuguesa matizadas pelo "discurso da lei" e do "ensino".

Considerações Iniciais

Nesse sentido, baseadas em Bodgan e Biklen (1994:223), utilizamos como forma de codificação do material observado **os chamados códigos de definição da situação**. De acordo com esses autores, tal tipo de código tem por objetivo "*organizar conjuntos de dados que descrevam a forma como os sujeitos definem a situação ou tópicos particulares. Está interessado na visão que os sujeitos têm do mundo e na forma como se vêem a si próprios em relação à situação ou tópico em causa. O que eles esperam atingir? Como definem aquilo que fazem? O que é importante para eles? Têm determinadas convicções que influenciam a forma como definem a sua participação (religiosas, políticas, de classe social, feministas, movimento pela vida)?*" Ainda fundamentadas em Bodgan e Biklen, podemos dizer que a codificação dos dados pelo **código de métodos,** também foi utilizada, uma vez que buscamos, a partir da apresentação/organização das obras, verificar a metodologia proposta pelos autores na construção de suas gramáticas.

Partindo daí, uma ou outra categoria a mais foi analisada, por ter sido também significativa, no mínimo, em termos de causa e/ ou conseqüência com relação às duas priorizadas.

Retomando, podemos sintetizar os cinco pontos fundamentais utilizados na constituição de nossa metodologia do trabalho historiográfico: 1º ponto – *princípios básicos*: a) a contextualização; b) a imanência e c) a adequação; 2º ponto – *passos investigativos*: a) *seleção*; b) ordenação; c) reconstrução e d) interpretação; 3º ponto – *questão das fontes*: a) primárias e b) secundárias; 4º ponto – *as dimensões cognitiva e social*: a) cognitiva – interna e b) social – externa; e por fim, constituindo-se o 5º ponto – *os critérios de análise* em que se detectam as "categorias".

Vistos os *critérios de análise*, ressaltemos a importância do apoio metodológico em seu conjunto, que nos levou à constatação da existência de várias causas responsáveis pela adoção de uma política expansionista levada a cabo pelos colonizadores portugueses, com ênfase na implantação da própria Língua Portuguesa; e que, no tocante à gramatização, mostrou-nos o desenvolvimento de tal processo a partir do quinhentismo, indicando mudanças significativas motivadas por interferências externas (o pensamento lingüístico dos homens dos séculos abordados) e internas (dimensões teórico-metodológicas da Língua Portuguesa em seus aspectos fono-morfo-sintático-semânticos).

Gostaríamos de contar com os comentários enriquecedores dos colegas para que possamos apagar borrões, endireitar caminhos e encetar um novo projeto, reanimados por nascente investigação: *Gramática e ensino sob a ótica vanguardista do século XX.*

Reflexões sobre a Historiografia Lingüística

1. A Concepção de Historiografia Lingüística

A concepção de Historiografia Lingüística está estreitamente vinculada à concepção de Historiografia; por esse motivo, é de grande importância que compreendamos esta última, num primeiro momento, em sentido amplo, como forma de registro dos feitos históricos.

O nascimento da Historiografia deu-se na França. Estreitamente vinculada à História, que é uma ciência, a Historiografia passou por um processo de adaptação aos paradigmas que nortearam os estudos históricos. Ora, se a História resumia-se à narrativa oral dos acontecimentos, a Historiografia tinha como papel fundamental o registro escrito desses acontecimentos sem problematizá-los ou questioná-los, desde os tempos de Heródoto. Era a vigência do paradigma da ciência normal que

> (...) não tem como objetivo trazer à tona novas espécies de fenômeno; na verdade aqueles que não se ajustam [os fenômenos] aos limites do paradigma freqüentemente nem são vistos (...) Kuhn (2000 [1962]:45).

Sendo assim, é preciso considerarmos que tais fenômenos, aos quais se refere Kuhn, acabam por suscitar novas rupturas no paradigma vigente, pois se, num primeiro momento, eles não são considerados, num segundo instante, passam a ser os responsáveis pelo nascimento de novas visões na ciência. Nesse caso, é importante levarmos em conta as várias rupturas pelas quais a História, na qualidade de ciência, passou. A primeira delas ocorreu quando essa ciência deixou de ser encarada como mero relato de acontecimentos, estabelecendo-se, segundo Bosi (1998), como uma procura das ações realizadas pelo homem, instituindo como seu objeto as ações humanas. Dada essa ruptura, esse novo paradigma redimensionou, inclusive, o fazer historiográfico, já que

> (...) se impõe a esse fazer a necessidade de ir buscar junto a outras ciências do homem os conceitos e instrumentos que permitiram ao historiador ampliar sua visão de homem. (Odália, in Burke, 1989:7).

É importante ressaltar então que, no campo historiográfico, a maior contribuição, na busca de um novo método, é dada por Lucien Febvre e Marc Bloch, no início do século XX, com a fundação da revista *Annales,* cujo objetivo maior era o de promover um novo tipo de História e, certamente, de Historiografia.

Nessa perspectiva científica, a Historiografia institui-se como método interdisciplinar, pelo fato de considerar a colaboração de outras disciplinas, quais sejam: a Sociologia, a Psicologia, a Economia, a Geografia e também a Lingüística, revelando-se, assim, a intenção de registrar os feitos humanos em sua totalidade.

É de grande importância enfatizar que a "Escola dos Annales", a qual pertenciam os dois historiadores supracitados foi, na verdade, a responsável pelo estabelecimento desse novo paradigma. Vem do século XVIII essa busca por uma nova abordagem da ciência histórica, em não só se concentrar nos acontecimentos políticos, mas também, nos sociais, nos psicológicos e até mesmo nos lingüísticos. Essa mudança de paradigma caracterizou-se como a "revolução francesa da Historiografia", uma vez que impôs uma nova visão de registro histórico. Do grupo que defendia essa abordagem "holística" de História, fazia parte também o lingüista Antoine Meillet que, aluno de Saussure, em Paris, e depois seu amigo pessoal em Genebra, tinha um interesse particular nos aspectos sociais da língua, principalmente como instituição social, destituindo-a do caráter meramente sistemático apresentado na obra de saussureana compilada pelos discípulos do lingüista no início do século XX. Esse esboço de um novo conceito de língua instaura-se como reflexo dessa nova perspectiva da ciência histórica.

Visto que nosso interesse está centrado em compreender a Historiografia Lingüística (HL), passaremos, então, a apresentar as acepções do termo em sua totalidade. Para isso, basear-nos-emos nas palavras de Koerner (1996:45) quando diz da necessidade de compreendermos a HL como "modo de escrever a história do estudo da linguagem baseado em princípios científicos" e não mais como mero registro da história da pesquisa lingüística. Sabemos que essa nova concepção requer um olhar mais cuidadoso por parte do historiógrafo, que se diferenciará do olhar do historiador a partir do momento em que a HL se estabelece como disciplina.

Para que isso de fato aconteça, é preciso recuperar o passado lingüístico que se apresenta como parte integral da disciplina, inclusive no que diz respeito à Lingüística como ciência, não descartando sua influência em outras ciências como a Psicologia, a Sociologia e a Ciência Política. Tal natureza interdisciplinar requer do investigador um conhecimento amplo dos diversos campos científicos, pois seu campo de investigação deveria comportar vieses que consistiriam em

> *(...) favorecer o restabelecimento dos fatos mais importantes do nosso passado lingüístico 'sine ira et studio' e explicar, tanto quanto possível, as razões da mudança de orien-*

tação e de ênfase e a possível descontinuidade que delas se pode observar, sua prática requer, ainda, capacidade de síntese, isto é, a faculdade de destilar o essencial da massa dos fatos empíricos coligidos a partir de fontes primárias. Koerner (1996:47).

Nesse sentido, tem início a discussão sobre a tarefa do historiógrafo que deverá estabelecer princípios que guiem o historiador. Temos adotado, em nossa investigação, os três princípios traçados por Koerner (1996) que são os seguintes:
1º *princípio de contextualização*: – trata-se de traçar o clima de opinião (espírito da época), observando-se as correntes intelectuais do período e a situação sócio-econômica, política e cultural; 2º *princípio de imanência*: – trata-se de esforçar-se por estabelecer um entendimento completo tanto histórico quanto crítico, possivelmente filológico, do texto lingüístico em questão, mantendo-se fiel ao que foi lido, para o estabelecimento de um quadro geral da teoria e da terminologia usada que devem ser definidos internamente e não em referência à doutrina lingüística moderna e o 3º *princípio de adequação*: – trata-se de, somente depois de seguir os dois primeiros princípios, o historiógrafo aventurar-se a introduzir, colocando de forma explícita, aproximações modernas do vocabulário técnico e um quadro conceptual de trabalho que permita a apreciação de um determinado conceito ou teoria, incluindo-se as constatações das afinidades de significado que subjazem a ambas as definições.

Esses princípios estariam voltados à compreensão do clima de opinião do período e a sua avaliação particular do objeto de estudo. Para tanto, tais princípios exigem que o historiógrafo da lingüística seja dotado de um conhecimento tão amplo que possa não só ter o domínio específico sobre o seu campo de investigação, mas também o domínio sobre a história geral.

Nesse aspecto, as considerações de Collingwood (in Koerner, 1974) são primordiais, já que esse estudioso faz uma importante distinção entre a crônica e a história, definindo os limites e as diferenças entre História e Historiografia. Sendo assim, a Historiografia não seria mera coleta de "dados orientados", mas estaria relacionada a uma "teoria orientada", embora, segundo Koerner (1996), seja necessária muita leitura a fim de estabelecer quais seriam os fatos básicos no desenvolvimento da disciplina.

A partir dessa afirmação, podemos dizer que a busca pelo estabelecimento da Historiografia como disciplina vem da década de 70. Nesse período, a obra de Kuhn? A Estrutura das Revoluções Científicas? instaurou-se como marco na compreensão das revoluções científicas, pois, ao abordar a questão relativa à mudança de paradigmas na ciência, o autor suscitou a comunidade científica, ligada à lingüística, a buscar seus paradigmas.

No que se refere à Historiografia, a procura por uma conduta historiográfica esteve presente até fins dos anos 80, quando, então, se apresentaram algumas considerações sobre esse assunto. Vale ressaltar que, segundo Koerner (1996), não há, até o presente momento, nenhuma base comum sobre a forma com a qual se deve proceder em HL. Isso nos leva a afirmar que a busca de uma metodologia para a disciplina depende de inúmeros estudos dos investigadores da área que devem considerar, inclusive, o estabelecimento da Lingüística como ciência.

Nesse aspecto, podemos afirmar que inúmeros têm sido os caminhos percorridos pela Lingüística no Brasil, na última década, entretanto, a nós interessa, em especial, o da Historiografia, que estabelecida como disciplina, a (HL) tem como objeto de estudos a seleção, a ordenação e a reconstrução do conhecimento lingüístico baseado em interpretações críticas do processo dessa produção contextualizada do ponto de vista histórico, social e cultural. De Clerq e Swiggers (1991) afirmam que a HL pode ser definida como estudo do saber lingüístico que tem como objetivo descrever e explicar como se adquiriu, produziu e desenvolveu o conhecimento lingüístico em um determinado contexto, apresentando-se como opção de trabalho complementar ao modelo de História da Lingüística.

Nesse sentido, a HL instaura-se como disciplina explicativa, visto que busca abordar questões que estejam além da dimensão do conhecimento acerca da linguagem, relacionando-se com o papel dos agentes no desenvolvimento do conhecimento e a dimensão social que identifica o contexto e suas influências sobre o conhecimento lingüístico. Sendo assim,

> a HL apresenta-se para a comunidade científica com o objetivo de descrever e explicar como se adquiriu, produziu, formulou e desenvolveu o conhecimento lingüístico em um determinado contexto. (Swiggers, 1990a). Nesse sentido, a partir do conhecimento oriundo do desenvolvimento da filosofia das ciências e, sobretudo, do reconhecimento de uma semântica profunda, a HL surge como alternativa de trabalho em complementação a um modelo canônico de História da Lingüística. Luna (1998:13).

2. O objeto de estudos da Historiografia Lingüística

Frente a isso, passamos a discutir quais são os objetos da HL. Instauram-se como objetos de estudos da HL não só os textos publicados, mas também os não publicados? fontes complementares de pesquisa? que estejam ligados à visão do interlocutor, reconhecendo que o conhecimento lingüístico é construído pela interação dinâmica entre aqueles que concordam ou discordam de um dado conhecimento, inseridos num contexto histórico. É fato importante ressaltarmos que correspondências, cartas, rascunhos ou qualquer documento pessoal produzido por uma comunidade científica será objeto da HL, constituindo-se como fonte primária de pesquisa. É nesse aspecto que se evidencia a importância do estudo historiográfico, pois, para reconstruir as práticas lingüísticas passadas, é preciso explorar a dimensão pessoal

> (...) que se relaciona com o papel dos agentes no processo de desenvolvimento do conhecimento, [e] identifica o contexto e suas influências sobre o conhecimento lingüístico. (Luna, 1998:14).

Reafirmamos, assim, que à concepção de Historiografia Lingüística alia-se a relevância de se considerar não só o aspecto científico da Lingüística, mas também a dimensão social, à qual Luna (1998) se refere, como fatores importantes no estabelecimento dessa disciplina, uma vez que o contexto de produção dessa ciência deve ser considerado.

Para tanto, passaremos à busca de uma metodologia que possa atender aos propósitos da HL.

3. Em busca de um Método Historiográfico

Conforme temos demonstrado, a HL ainda não apresenta parâmetros metodológicos comuns aos campos de investigação dentro da Lingüística, por esse motivo, buscaremos indicar as diversas possibilidades discutidas pelos pesquisadores da área.

A partir dessas considerações, encontramos em Altman (1998:24) a definição da atividade historiográfica:

> *A atividade historiográfica que ambiciona compreender os movimentos em história da ciência, presume, inevitavelmente, uma atividade de seleção, ordenação, reconstrução e interpretação dos fatos relevantes (história 'rerum gestarum'[2]) para o quadro de reflexão que constrói o historiógrafo.*

Podemos dizer que aqui se esboçam as primeiras linhas acerca de como fazer Historiografia sem torná-la mera reunião de fatos passados. Assim, De Clerq & Swiggers (1991) ressaltam a importância de aliar o lingüista ao historiador no que diz respeito às reflexões metodológicas e epistemológicas do trabalho historiográfico, pois é necessário que a Historiografia defina seu estatuto e aponte sua "razão de ser" a partir de uma competência de análise lingüística e

---

[2] A expressão latina remete às coisas realizadas, ou seja, a uma história já feita.

histórica. Nesse sentido, os autores enfatizam a relevância da produção científica no campo, no entanto consideram que, do ponto de vista das reflexões epistemológica e metodológica, a HL não pode estar apoiada somente na produção existente, isto é, há que se fazer uma *meta-historiografia*, em que se tenha como objetivo compreender a história? e a natureza da historiografia da lingüística – a partir de sua "não história". Essa "não história" pode ser entendida como a história que não consta nos documentos oficiais, isto é, a natureza da historiografia lingüística remete-se ao registro da história da língua ou da lingüística que não está escrita.

Para tanto, é preciso, em primeiro lugar, definir o estatuto e o domínio de uma disciplina, considerando limites mínimos e máximos de inclusão interdisciplinar, porém, no que concerne à HL, essa definição de limites se caracteriza como sendo mais difícil, visto que eles não são explícitos. Assim sendo, a fim de que seja adotado um limite mínimo para a disciplina, é necessário considerá-la como "estudo do saber lingüístico". Partindo dessa afirmação, os autores passam a questionar a inclusão e a exclusão dos objetos de estudos da HL para que se possa, enfim, definir seus limites, isto é, torna-se imprescindível discutir sobre as fontes primárias, de modo a perceber que informações fazem parte da história "oficial", ou o que está escrito, e as que fazem parte da história "oficiosa", ou o que está escrito nas entrelinhas.

Essa tarefa é tão complexa que, para ser realizada, é preciso que sejam considerados os documentos já publicados a partir do ponto de vista do produtor desses textos, principalmente pelo valor dos testemunhos escritos, todavia faz-se necessário complementar a visão canônica da HL, tendo como ponto de partida textos não publicados e que estejam ligados à visão do receptor. Assim, enquanto os textos publicados são de conhecimento público, os não publicados poderiam estar à margem desse conhecimento. Cabe ao historiógrafo buscar os documentos que fazem parte desse conjunto, quais sejam: a correspondência entre lingüistas, as entrevistas dadas a pesquisadores e, no caso de nossa pesquisa, as Gramáticas produzidas nos séculos XVI, XVII, XVIII e XIX, em Portugal e no Brasil, que se instauram como fontes primárias de consulta, ampliando, assim, o material de análise para o pesquisador interessado em reconstruir uma outra História da Lingüística.

Pensar nessa outra História da Lingüística é deter-se na prática lingüística, ou seja, é compreender em que medida textos como o relato de missionários na América, por exemplo, cumprem sua função já que são de grande valor historiográfico. Nesse aspecto, seria necessário considerar textos destituídos de base teórica como os manuais didáticos e as próprias situações lingüísticas.

É importante ressaltar o fato de que os historiadores da lingüística dificilmente divulgam como ou em que circunstâncias chegam a determinados resultados de pesquisa. Por isso, constituiriam outro *"corpus"* de valor historiográfico a correspondência, as notas ou até mesmo a documentação reunida por esses estudiosos. Vale ressaltar, também, que o contexto de produção desses documentos, bem como o clima intelectual da época são fatores relevantes para a constituição dessa outra História da Lingüística.

Para refletir sobre esses aspectos, é preciso que consideremos o fator subjetividade da HL, pois é necessário voltar as atenções para o sujeito da historiografia, implicando o contexto científico e cultural, a motivação, a formação profissional, as convicções científicas e ideológicas, a metodologia e, enfim, o estilo do historiógrafo. Sendo assim, resta-nos abordar, a partir daí, a diferença entre contexto e motivação do ato historiográfico segundo o ponto de vista de De Clerq & Swiggers (1991).

No que se refere ao contexto, podemos elencar alguns fatores importantes que contribuem com o trabalho historiográfico. São eles: o clima intelectual geral, a visão historicizante[3] da época, o estado das ciências da linguagem e a situação sócio-econômica. É interessante notar que o trabalho historiográfico está sempre ligado ao movimento social e intelectual do período a ser estudado. Nesse aspecto, Koerner (1996) diz da importância do "clima de opinião" e de sua utilidade, para a aceitação ou não de idéias que florescem em um dado momento histórico. O clima de opinião pode ser entendido a partir das palavras de Becker (in Koerner, 1996:51):

> *Se argumentos são aceitos ou não, depende menos da lógica que veiculam do que do clima de opinião em que são sustentados. O que torna a argumentação de Dante, ou a definição de São Tomás sem sentido para nós? não é a má lógica ou falta de inteligência, mas o clima de opinião medieval? aquela 'Weltanschauung', ou visão de mundo? que impuseram a Dante ou a São Tomás um uso peculiar da inteligência e um tipo especial de lógica. Para compreender porque nós não conseguimos seguir facilmente Dante ou São Tomás, é necessário entender (e saber como pode ser) a natureza deste clima de opinião.*

Tal citação revela-se para nós como o início de um caminho possível em termos de metodologia de análise de documentos passados. Buscar o clima de opinião é inserir-se no clima intelectual do período, é compreender o porquê da vigência deste ou daquele paradigma num determinado campo científico. Nesse caso, a Historiografia Lingüística deverá considerar as correntes intelectuais do período que possam ter causado impacto sobre o pensamento lin-

---

[3] Entendamos que a palavra se refere ao historicismo, cuja concepção está ligada à singularidade absoluta dos fatos históricos e à subjetividade, também absoluta, de sua apreensão.

güístico. Por esse motivo, o historiógrafo deverá construir o quadro de definição do período analisado, considerando não só o clima de opinião, mas também as mudanças paradigmáticas ocorridas no campo científico. Na verdade, podemos dizer que é o clima de opinião o grande responsável pelas revoluções científicas apontadas por Kuhn, pois, se o considerarmos como uma nova visão de mundo, podemos aliá-lo às revoluções científicas, quando encaradas como proposta de uma outra visão de mundo caracterizada por anomalias que a diferem da anterior, por isso,

> *(...) quando os membros da profissão não podem mais esquivar-se das anomalias que subvertem a tradição existente da prática científica? então começam as investigações extraordinárias que finalmente conduzem a profissão a um novo conjunto de compromissos, a uma nova base para a prática da ciência.(...)*. Kuhn (2000 [1962]: 25)

É nesse momento que acontecem as chamadas revoluções científicas, pois elas impõem novos compromissos profissionais, trazendo complementos desintegradores da tradição à qual a atividade da ciência normal está ligada. Nesse aspecto, podemos dizer que a HL teria como objeto de estudos essas "revoluções" lingüísticas capazes de impingir novos paradigmas aos seus estudiosos.

É preciso enfatizar que, como campo interdisciplinar, a HL deve considerar as ciências sociais, embora não possam elas servir de guias para uma metodologia de análise na área. Sobre isso afirma Koerner (1996:56-57):

> *(...) De fato, em última análise, os historiadores da ciência lingüística terão de desenvolver seu próprio quadro de trabalho, tanto o metodológico, quanto o filosófico. Para isto, um conhecimento meticuloso de teoria e da prática em outros campos revelam-se verdadeiramente muito úteis, mesmo se o resultado for negativo, isto é, se o historiador da lingüística descobrir que este ou aquele campo de investigação histórica tem de fato pouco a oferecer em matéria de método historiográfico. (...)*

A partir dessa afirmação, podemos concluir que a HL não tem ainda um método plenamente instituído. Por esse motivo, Koerner (1996) afirma que, não havendo um quadro metodológico para a HL, que possa ser obtido das ciências sociais, resta ao historiógrafo buscar seus próprios caminhos para a sua constituição, considerando sempre a influência, seja mais exata, seja mais abstrata, de outras disciplinas no desenvolvimento tanto da HL, quanto de qualquer outra área de estudos.

Essa busca de caminhos próprios requer do historiógrafo, segundo De Clerq & Swiggers (1991) motivações que, ao longo da história da HL, seriam fundamentadas em cinco tipos:

- motivação de fazer a HL como sujeito enciclopédico, como "ramo" de uma enciclopédia do saber;
- motivação de fazer HL como ilustração do progresso de conhecimento;
- motivação de fazer a HL com o objetivo de defender, difundir ou promover um modelo lingüístico particular em detrimento de outros;
- motivação de fazer a HL como descrição e explicação de conteúdos de doutrina, inserida em um contexto histórico e científico;
- motivação de fazer a HL como testemunha exterior sobre uma realidade social, "colorida" pelas concepções e práticas lingüísticas.

4. A Prática Historiográfica: Gramáticas e Ensino de Língua Portuguesa do século XVI ao XIX

Considerando tais motivações, cabe-nos refletir acerca delas a fim de buscar um método historiográfico capaz de debruçar-se sobre o estatuto científico da HL, bem como sobre a prática historiográfica. Ainda segundo De Clerq & Swiggers (1991), ao historiador cabe a tarefa de transcender as histórias da lingüística, para escrever uma história da lingüística baseada na prática, nas reflexões e nas situações lingüísticas.

Na pesquisa em questão, podemos indicar como fatores de motivação de fazer a HL, tanto a descrição e explicação de conteúdos de uma doutrina, a qual se insere num contexto histórico e científico, quanto o testemunho exterior sobre uma realidade que se instaura pelas concepções e práticas lingüísticas. Ora, se nosso trabalho caracteriza-se por esses dois tipos de motivação, podemos afirmar a possibilidade de contribuir com a instauração de uma nova metodologia de pesquisa historiográfica no campo da HL.

É de grande importância considerarmos, ainda dentro da busca de um método historiográfico, as relações de continuidade e de descontinuidade na ciência. Para tanto, faz-se-nos relevante ressaltar que Kuhn serviu como ponto de referência para a compreensão das ditas continuidades e descontinuidades no processo de evolução das ciências. Nesse sentido, Altman (1998:27) afirma que,

> *na visão kuhniana de progresso científico, cada nova etapa de evolução implica ruptura? de teorias, métodos, seleção de problemas e critérios de solução de problemas? com o conhecimento anterior. Ao invés de somente continuidade e acumulação, haveria, de tempos em tempos, períodos de descontinuidade e ruptura responsáveis pela formação de um novo 'paradigma', incomparável e incomensurável em relação ao que o precedeu.*

Ora, se a nós, como historiógrafos, cabe reconstruir as práticas lingüísticas de um determinado momento histórico, é preciso rastrear sua continuidade e sua ruptura ao longo do tempo. No caso de nossa pesquisa, será necessário buscarmos os momentos de continuidade e de ruptura, quanto às concepções filosóficas e científicas sobre a educação e o ensino de língua, imbuídos de uma política lingüística, que tem início no século XVI, em Portugal, e vai até o século XIX, no Brasil. Para tanto, buscaremos retratar o clima de opinião em cada período na Europa, mais especificamente em Portugal, bem como o clima de opinião no Brasil. Sendo assim, nosso trabalho tem como objetivo maior apresentar a Historiografia do Ensino de Língua Portuguesa, ao longo de 400 anos.

Vale lembrar que buscaremos, em fontes primárias, no caso as Gramáticas publicadas em Portugal e no Brasil, no período já mencionado, traçar um percurso da formalização do Ensino de Língua Portuguesa, nos dois países, na escola, agora vista como instituição. A partir da leitura minuciosa dessas fontes, contextualizamos o autor, não só como indivíduo inserido em um determinado momento histórico, mas também como produtor de uma obra representativa do período em questão. Nossas análises, cujos procedimentos foram de seleção, ordenação, interpretação e reconstrução das fontes primárias, ficarão restritas ao prefácio de cada obra; no entanto, apresentaremos, também, as subdivisões das categorias gramaticais que cada autor propõe em seu compêndio, sem serem elas objetos de análise que, como disse Fernão de Oliveira, outrora, ficarão para uma próxima anotação da Língua Portuguesa.

A Gramática da Linguagem Portuguesa de Fernão de Oliveira: desvelando a relação entre gramática e ensino no século XVI

NANCY DOS SANTOS CASAGRANDE

> Pelo Tejo vai-se pelo mundo.
> Para além do Tejo há a América
> E a fortuna daqueles que a encontram.
> *Alberto Caeiro*

Para a leitura da obra *A Gramática da Linguagem Portuguesa* de Fernão de Oliveira é preciso buscar os valores filosóficos, culturais, políticos, econômicos e religiosos que norteavam o pensamento de toda a sociedade lusitana no início do século XVI. Compreender esse contexto é fundamental, uma vez que nos interessará conhecer mais detalhadamente de que maneira a escola como instituição se instaurou em Portugal, nesse período. Dessa forma, cabe-nos retomar um pouco da história dos primeiros desbravadores portugueses que singraram o Mar Tenebroso em busca de novos caminhos.

Calcados em princípios cristãos, com os quais fomos presenteados, junto às contas e às miçangas coloridas, a partir do instante em que os autóctones ergueram a cruz e prostraram-se diante dela, os portugueses, que no Brasil aportaram há 500 anos, traziam como herança o espírito empreendedor que, desde 1184, fizera com que seus ancestrais visitassem Marseille e Montpellier, estabelecendo as primeiras relações comerciais de que se tem notícia.

Do século XII ao século XV, a preocupação essencial do Reino era a de ampliar as relações comerciais impulsionadas por D. Diniz, monarca que se destacou pelo incentivo dado às grandes navegações ainda no século XII. Seus sucessores deram continuidade a sua obra de modo que D. Fernando e, depois D. João I, que teve por mérito a tomada de Ceuta, cidade marroquina na margem sul do Estreito de Gibraltar, em 1415, destacaram-se como personagens importantíssimos no que seria o "embrião" da expansão ultramarina.

Além das questões mercantilistas, estava o aspecto religioso que motivou ainda mais os portugueses a singrarem os mares: as Cruzadas contra os muçulmanos e o desejo de expandirem a Fé e o Cristianismo foram marcantes nesse processo desde tempos imemoriais. A expansão ultramarina só foi a cabo devido ao espírito empreendedor do infante D. Henrique. Reconhecido pelo epíteto de o *Navegador*, esse monarca concretizou o sonho lusitano de conquistar os mares. Comandando pessoalmente a navegação, fundou a Escola de Sagres que se tornou modelo para toda Europa, permitindo-lhe realizar seu maior plano que, segundo Schaefer, seria o de

> *glorificar-se e à sua Pátria pela descoberta de novos países; obter para Portugal maiores possessões e dar-lhe novas fontes de receita; alcançar para o comércio mais vasta amplitude e diversidade.* (apud Fonseca, 1933:21).

A esses desejos, acrescentam-se ainda os três objetivos que guiaram o plano geral das descobertas que, segundo Martins Afonso (s/d), restringiam-se à África, às terras do Ocidente e às Índias, dando continuidade à obra alicerçada pelo infante. D. Henrique que foi a mola propulsora da expansão marítima. Por isso, seus feitos foram registrados por um dos maiores cronistas da época: Gomes Eanes Zurara. Em sua obra mais significativa *Crónica do descobrimento e dos feitos da Guiné*, o autor afirma terem sido, pelo menos, cinco as razões que o levaram a buscar as terras da Guiné. Foram elas:

> *(...) o desejo de saber a verdade do que existiria além das Canárias e do cabo Bojador – de onde nada se conhecia, porque até àquele tempo, nem por escritura nem por memória de nenhuns homens, nunca foi sabido determinadamente a qualidade da terra que ia além do dito cabo. (...) E esta até que foi a primeira razão de seu movimento. E a segunda foi porque considerou que, achando-se em aquelas terras alguma povoação de cristãos, ou alguns tais portos em que sem perigo pudessem navegar, que se poderiam para estes reinos trazer muitas mercadorias, que se haveriam bom mercado (...) A terceira razão foi porque se dizia que o poderio dos mouros daquela terra de África era muito maior do que comumente se pensava, e que não havia entre eles cristãos nem outra alguma geração. (...) A quarta razão foi porque de trinta e um anos de fora desta terra que por amor de Nosso Senhor Jesus Cristo o quisesse à dita guerra ajudar. Queria saber se se achariam em aquelas partes alguns príncipes cristãos em que a caridade e o amor de Cristo fosse tão esforçada que o quisesse ajudar contra aqueles inimigos da fé. A quinta razão foi o grande desejo de acrescentar em a santa fé de Nosso Senhor Jesus Cristo e trazer a ela todas as almas que se quisessem salvar, conhecendo todo o mistério da encarnação, morte e paixão de Nosso Senhor Jesus Cristo foi obrado a este fim, a saber, por salvação das almas perdidas, as quais o dito senhor queria, por seus trabalhos e despesas, trazer ao verdadeiro caminho (...)*

Nesse sentido, podemos perceber que razões econômicas, políticas, científicas e religiosas foram propulsoras na continuidade do projeto de expansão ultramarina. Conforme já afirmamos, D. Henrique foi quem impulsionou as grandes navegações, alguém em cujo espírito ecoavam anseios, aspirações e interesses que constituíam a essência da vida européia de então. Esse espírito empreendedor abrigava, além de interesses políticos e comerciais que beneficiassem sua pátria, o desejo de salvar aquelas almas que antes eram perdidas. Através da bula papal assinada, em 1442, pelo Papa Eugênio IV – e renovada pelo Papa Nicolau V, em 1452 – os portugueses teriam a concessão do monopólio no comércio com a África com autorização de fazer a guerra contra os infiéis, tirar-lhes as terras e escravizá-los. Estava nascendo o império escravista, reativando um comércio em extinção desde a Idade Média, estendendo-se por cerca de quatro séculos. O objetivo primeiro, quando da conquista dessas terras, era o de evangelizar os *gentios* que, segundo Zurara, (1937[1463]) uma vez escravos, em Portugal, eram tão bem tratados que nunca mais pensavam em fugir, mas esqueciam-se de sua terra, já que ficavam atraídos pela bondade da nova terra em que se encontravam.

Considerando que D. Henrique foi governador e administrador da Ordem de Cristo – que substituiu a Ordem dos Templários –, com o dinheiro advindo dela, equipou os barcos que seriam usados no processo de colonização da África. Desse modo, deu continuidade à guerra da cruzada, combatendo os "infiéis" e prosseguindo na secular tradição da guerra de liberdade e de religião contra os mouros. Durante o seu reinado, foram explorados cerca de 2000 km para além do cabo Bojador, revelando sua energia e tenacidade frente aos desafios, que lhe eram impostos.

Após a morte do infante em 1460, seu sucessor, D. Afonso V, assumiu o trono e o processo de expansão ultramarina foi desacelerado, tendo sido retomado somente em 1481, com D. João II. Sedento de poder, o monarca decidiu dar novo impulso à exploração, tendo como objetivo contornar a ponta meridional da África e chegar à Índia. Responsável pela direção econômica e política da expansão, o monarca delegou a Diogo Cão a missão de prosseguir a exploração da costa além do Cabo de Santa Catarina. A partir daí, os navegadores portugueses começaram a levar consigo os padrões de pedra, com uma cruz ou o brasão luso e uma inscrição. Por onde passassem, daquele momento em diante, marcariam o território.

Até 1500, ano da descoberta do Brasil, muitas foram as expedições em busca de novas terras. Dentre as mais significativas do período, está aquela comandada por Bartolomeu Dias em 1487 que eliminaria o último obstáculo que impedia a passagem dos portugueses para o Oceano Índico: ao dobrar o Cabo das Tormentas ou o Cabo da Boa Esperança, como se chamaria mais tarde, esse navegador constatou que uma ligação marítima entre a Europa e a Ásia era possível. Lá, foi erigido, sobre um rochedo ligado à costa, o Padrão de São Gregório.

A chegada de Cristóvão Colombo à corte portuguesa poderia ter impulsionado ainda mais a expansão lusitana, entretanto a recusa da Coroa em financiar o projeto do marinheiro genovês impediu que isso acontecesse.

Seu projeto foi, então, financiado pelo rei de Espanha, mas Colombo jamais cogitou a possibilidade de ter chegado ao Novo Mundo. De volta, em março de 1493, Colombo aportou em Lisboa para reparar duas de suas caravelas: *Pinta* e *Niña*. Afirmava ter chegado à Índia que ficava a 33 dias de navegação a oeste das Canárias. Tinha, na verdade, chegado à América, mas, como já mencionamos, jamais reconheceu esse feito.

Tal acontecimento desencadeou um mal-estar entre Portugal e Espanha, na medida em que o primeiro julgava serem suas as terras visitadas por Colombo. Para resolver tal impasse, em 1494 foi assinado, na cidade espanhola de Tordesilhas, o tratado que dividia o mundo entre os dois países com a anuência papal. Os portugueses garantiram para si a posse de todas as terras a 370 léguas a oeste de Cabo Verde, dominando, assim, a extensão oceânica necessária à chegada ao Cabo da Boa Esperança. Tal extensão serviria, também, para que chegassem ao litoral do Brasil, alguns anos mais tarde, sem causar nenhum problema diplomático em relação à Espanha.

Em 1495, D. Manoel I assumiu um reino tão endividado que, ao dar continuidade à expansão ultramarina, foi visto com indignação por seus conselheiros. Com o objetivo de se reaproximar da nobreza, designou o fidalgo Vasco da Gama como capitão da frota que seguiria rumo à Índia.

Durante um ano, as dificuldades vividas pelos viajantes foram registradas por Álvaro Velho – passageiro do navio de quem não se tem maiores informações –, no percurso de ida e volta até a Guiné. À proporção que iam aportando, o autor do "diário de bordo" retratou em palavras simples o que ocorria com a tripulação e com o povoado encontrado. Das suas impressões, a mais significativa é a que descreve a chegada de Vasco da Gama a Calicute, onde acreditou terem sido conduzidos a uma igreja de tão convencidos que estavam de terem aportado em terras cristãs.

Chegar à Índia representava estabelecer relações comerciais, atraindo para Lisboa o tráfico de especiarias que se fizera, até então, através de mercadorias árabes. Para os portugueses, os muçulmanos eram uma grande ameaça tanto comercial, quanto religiosa. Por isso, acreditavam ser possível encontrar os cristãos da Índia e com eles estabelecer contato, já que

> *a expansão ultramarina foi sempre, desde o início, até ao apogeu, orientada por altos princípios espirituais e religiosos como, aliás, bem o atesta a constante presença de missionários nas nossas expedições.* (Martins Afonso, s/d:133).

Frente a essa afirmação, podemos depreender o quão importante foi para os portugueses a "imposição" do Cristianismo aos seus colonizados. Assim, por trás dos princípios religiosos, sempre residiram os princípios políticos, pois ensinar o Evangelho era ensinar a língua do colonizador e, assim, dominar um povo destituindo-o de sua própria identidade. Nesse aspecto, os missionários foram os melhores "obreiros" da ação colonizadora e civilizadora. Em face dessa situação, interessa-nos perceber como estava articulada a educação em Portugal, já que o processo de evangelização estava intimamente vinculado ao processo educativo no século XVI. Frente a isso, passaremos a abordar a Educação na metrópole, a fim de compreendermos como se deu tal processo.

As primeiras instituições culturais, em Portugal, remontam ao período da monarquia. Devido ao fato de o ensino ser ministrado no Minho e em Vouga, a responsabilidade era episcopal e monástica, visto que o clero era a classe social mais culta da época. Nesse sentido, podemos dizer que os ares medievais ainda pairavam no país, principalmente nos campos social, político e educacional, já que a Igreja, representada pelo clero, foi uma das instituições mais poderosas do período, afinal,

> são os monges os únicos letrados em um mundo onde nem nobres nem servos sabem ler. Podemos, então, antever a importância e a influência que a Igreja vai exercer, não só no controle da educação, como também na fundamentação dos princípios morais, políticos e jurídicos da sociedade medieval. (Aranha, 1989:81).

Sendo assim, é importante retomarmos a Idade Média como ponto de partida para a compreensão do processo educacional no século XVI, visto ter sido esse período um dos mais representativos e influentes da História nessa área. Em primeiro lugar, cabe lembrarmos que a Idade Média sempre foi encarada como o "período das trevas" pelos historiadores e sociólogos pós-renascentistas, no entanto a postura adotada pelos historiadores modernos é de que esse período foi um dos mais férteis em termos históricos e culturais, não se instituindo mais como *"uma fase sombria de estagnação, de torpor e de obscurantismo, surgindo aos nossos olhos um período cheio de vida e de luz caracterizado por uma extraordinária riqueza histórica"*. (Santos, 1952:142).

Em virtude dessa nova concepção da época medieval, julgamos ser importante apresentar qual foi o pensamento filosófico predominante nesse período, pois, conforme já afirmamos anteriormente, é na Idade Média que se encontra o embrião do pensamento educacional que vai orientar o século XVI. Desse modo, ater-nos-emos ao pensamento filosófico cristão denominado escolástica.

Tal filosofia representa o último período do pensamento cristão, que vai do início do século IX ao fim do século XVII. Essa doutrina filosófica tem suas bases na problemática da relação entre a fé e a razão *"problema que se resolve pela dependência do pensamento filosófico, representado pela filosofia greco-romana, da teologia cristã."* (Ferreira, 1999:797). Esse momento do pensamento cristão caracteriza-se, sobretudo, como especulativo, cuja glória será a da elaboração da filosofia cristã, porém *"tal elaboração será plenamente racional e crítica apenas em Tomás de Aquino, com o qual a escolástica atinge seu supremo fastígio".* (Padovani & Catagnola, 1984:223).

É fato importante mencionarmos que os filósofos dividem a escolástica em dois diferentes períodos: a Escolástica pré-tomista que abrange o período dos século IX a XIII e a pós-tomista que tem início ainda no século XIII e estende-se até o fim do século XVII. Ambos os períodos são significativos na instituição do pensamento filosófico, em busca de uma teologia cristã, mas a nós interessa conhecer como esse pensamento influenciou a educação lusitana a ponto de, posteriormente, abrir caminhos rumo à instituição da educação brasileira no período colonial. Durante o período pré-tomista, foi o clero o grande responsável pela instrução escolar, cuja obrigação primeira era a de formar a classe dirigente e, em seguida, dedicar-se à educação da massa popular. Têm início, então, as escolas monásticas nos mosteiros beneditinos.

Tais escolas eram reservadas aos monges e aos noviços – as interiores – e outras ministravam aulas públicas – as exteriores –, proporcionando, ao mesmo tempo, o ensino religioso e os rudimentos da ciência profana. Seu programa de ensino era elementar: leitura, aprender a escrever, canto orfeônico e aritmética.

Em Portugal, especificamente, a primeira escola nesse gênero foi criada no Mosteiro de Alcobaça. Havia, ainda, os "colégios", caracterizados como instituições particulares destinadas à educação dos pobres. Entendamos que, nesses colégios, a educação ministrada aos pobres era apenas restrita aos ensinamentos cristãos e não à educação formal com a que era dada aos ricos.

É fato que os princípios cristãos orientavam todo e qualquer estudo que se fizesse, já que

> *o estudo das artes tinha forçosamente carácter religioso, na medida em que o ensino se orientava para a formação de clérigos no apego ao espírito doutrinal da Igreja.* (Serrão, 1979:224).

Sendo assim, o ensino pressupunha a existência de mestres e alunos, uma vez que o legado cultural era transmitido por meio da palavra, da oração e do estudo. É preciso ressaltar que essa comunidade não estava, ainda, calcada em princípios universitários. Ao contrário, o surgimento de mosteiros como Guimarães, Lavra e São Miguel mantinham a observância das regras, difundiam os preceitos da Fé e ainda serviam de refúgio a quem quisesse retirar-se dos bens do mundo.

Dessa forma, podemos assegurar que o ensino, nesse período – do século X a meados do século XI – ainda não tinha um caráter essencialmente escolar. Deve-se à Ordem de São Bento a criação de uma estrutura mais organizada no tocante à escola, pois a existência de ricas bibliotecas – exemplo de uma educação mais formalizada –, já no século XII, é da responsabilidade dos monges-copistas, cujo trabalho serviu como testemunho da história portuguesa.

É preciso ressaltar que o sustento dos mestres-escolares era subsidiado pelo clero que recebia doações particulares. Afinal, competia-lhe a organização do ensino de acordo com outras escolas latinistas, com o caráter ecumênico do qual a cultura se revestia. Tanto as escolas capitulares quanto as ordens mendicantes praticavam um ensino com base no *trivium* e no *quadrivium,* isto é, os alunos estudavam Gramática, Retórica e Dialética, sendo que esta última, mais tarde, desenvolveu-se na Filosofia e Aritmética, Geometria, Música e Astronomia, completados pela Teologia para o clero ou para o povo profundamente religioso e católico. No tocante ao estudo da Gramática, esta abrangia não só as regras usadas na língua, mas também na literatura. É necessário dizer que esse plano de política escolar teve suas origens na Inglaterra, sob a direção de Alcuíno, a partir de 787.

Ao lado da educação eclesiástica ministrada por eclesiásticos a eclesiásticos, existia, também, a escola militar, ministrada por militares a militares, dando origem à educação cavalheiresca, ainda ligada à estrutura feudal. Aproveitando-se dessa estrutura política e econômica de peso,

> *a Igreja não anula essa força bruta, mas transforma-a, pondo-a a serviço de um ideal: defesa da justiça, amparo aos fracos, defesa da fé contra os infiéis nas Cruzadas, com disciplina, lealdade e generosidade. Tal educação religioso-militar constitui precisamente a cavalaria.* (Padovani & Castagnola, 1984:226).

Em relação a Portugal, apesar dos esforços contínuos em instituir uma educação ao nível daquela ministrada nos grandes centros europeus, a Inglaterra, a Itália e a França, o país não tinha condições de conceder o "grau de ensino" *(licentia docendi)* que só a Universidade possibilitava. Não queremos dizer com isso que o ensino era de má qualidade. Ao contrário, do ponto de vista científico, estava à altura desses grandes centros culturais, já que era de responsabilidade do clero, no entanto, sabemos que, em termos de evolução sociocultural,

Portugal continuava muito aquém dos grandes centros europeus de cultura que eram a Itália, a França e a Inglaterra.

No século XIII, além dos beneditinos, os dominicanos e os franciscanos tiveram participação relevante no ensino, graças aos frades 'leitores' que espalhavam cultura entre a população. Nesse período, já funcionavam as escolas *domínicas* em Lisboa e Santarém, muito embora somente no século XIV, o ensino claustral viesse a tomar grandes dimensões com a instituição da Universidade que recrutou inúmeros docentes nos mosteiros e nas ordens mendicantes. Dessas ordens, a mais significativa, em termos filosóficos, foi a franciscana, pois nesse período, teve início a escolástica pós-tomista que encontrou na Ordem de São Francisco de Assis seus maiores representantes. Amantes da natureza, estes frades ingleses, Roger Bacon, John Duns Scott e Guilherme de Ockham, revolucionaram o pensamento da época, questionando a autoridade, a razão e a experiência, considerando a filosofia instrumento para entender a fé ou sustentando a superioridade do conhecimento sensível sobre o intelectual. Cada um desses religiosos impôs idéias fundantes do pensamento filosófico moderno. Com eles, a escolástica pós-tomista abriu caminho para o movimento renascentista que logo se estendeu por toda Europa.

Mesmo sendo um movimento de grandes renovações no pensamento filosófico, a Renascença custou a chegar a Portugal. Enquanto na Inglaterra, na França e na Itália, essa tendência filosófica desenvolvia-se com rapidez, na Península Ibérica, precisamente em Portugal, eram lentos os movimentos de mudança.

Ainda no século XIII, apenas um rei havia demonstrado algum interesse pelo movimento exterior à "província lusitana". D. Diniz destacou-se por ser um monarca de longa percepção. Em termos educacionais, à frente de seu tempo, fundou, em Lisboa, a Universidade que denominou de Estudo Geral *(Generale Studium)*. Reconhecida pelo Papa Nicolau IV, a bula papal, datada de 09 de agosto de 1290, autorizava o pagamento de salários, concedia privilégios aos mestres e escolares, confirmava o ensino de "Cânones, Leis, Medicina e Artes", autorizando, ainda, a concessão do grau de licenciado pelo bispo ou vigário da Sé lisbonense. A teologia continuou confiada aos mosteiros de dominicanos, sendo incorporada à Universidade somente no reinado de D. João I.

A nova dinastia manteve o apego às artes e às letras, de modo que ao Estudo Geral coube a preparação de juristas e de letrados que, a serviço da administração pública, deram nova estrutura à mentalidade nacional. É fato que, durante o reinado de D. Afonso V, a preocupação em abrir os horizontes culturais do país foi ainda mais intensa, sendo relevantes a literatura de fundo ético e os preceitos de vida ativa que levaram os homens do tempo a valorizarem o culto dos ideais antigos e *"o enrijamento do corpo como meio de valorizar o espírito".* (Serrão, 1979:309). Nesse sentido, podemos entender que acima dos "desejos mundanos" que, muitas vezes, prejudicam o homem, estavam as virtudes que o enobrecem. Tais valores são heranças da Idade Média e, a fim de levar à reflexão o indivíduo acerca de sua completude, é que D. Duarte escreveu as primeiras obras em Língua Portuguesa: *O Leal Conselheiro* e *O Livro de Ensinança de Bem Cavalgar Toda Sela.* Obras essas que exultavam as virtudes dos homens de bem e vinham ao encontro dos ideais de então.

Até o reinado de D Afonso V, a Corte não se encontrava em cidade fixa, o que dificultava uma vida de cultura. Ao estabelecer que o reino seria no Paço de Alcáçova, o rei fixou, em Lisboa, um foco de cultura que não estava restrito à Torre do Tombo – local de trabalho dos historiógrafos Fernão Lopes e Gomes Eanes Zurara –, mas que abrangia a formação de livrarias com a proteção do rei aos estudos, pois "foi elle o *primeyro Rey destes Reynos que ajuntou bõos livros e fez livrarias em seus paços". (Rui* de Pina, in Serrão, 1979:311).

Mesmo investindo em estudos, o rei não tinha olhos para uma educação que atendesse a todos no reino. Ao contrário, concedeu bolsas aos filhos de nobres e aos filhos de legistas e de físicos. Era praxe "o bolseiro" seguir a carreira dos pais.

É necessário ressaltar que, à parte da cultura oficial, os conventos e igrejas dispunham de ricas bibliotecas próprias para o uso dos sacerdotes e dos fiéis que, porventura, nutrissem algum interesse por livros. Seu acervo era dotado de *briviaryos* ou breviários de missa, livros de coro de origem nacional ou estrangeira, tratados de Teologia e de Filosofia, de obras sobre a vida de santos e textos cuja intenção era a de valorizar a moral.

Envolvido na ação docente, D. Afonso V destacou-se por ocupar na Universidade o cargo de "protector de estudos", criado por D. João I e ocupado pelo infante D. Henrique de 1418 a 1460. Graças a sua intervenção, o ensino de Teologia – antes ministrado nos conventos – começou a fazer parte dos programas universitários; além disso, criou as cadeiras de Aritmética, Geometria e Astrologia e providenciou novas instalações para a Universidade que, até então, vivia em casas alugadas, sempre com problemas financeiros. O reinado de D. Afonso V foi extremamente importante para as questões educacionais, tanto que vários filhos de nobres que se dirigiam para Bolonha ou Paris a fim de terminarem os estudos, já não precisaram mais sair de Portugal.

No que diz respeito à educação primária, ela esteve sob a tutela religiosa, graças aos mestres que ensinavam as primeiras letras e os "rudimentos da gramática". Afirma Serrão (1979) que, em 1439, em Évora, um tal de Estêvão Antes era quem "ensynava os moços". Dez anos mais tarde, na mesma cidade, outro professor, um "becheler" fora incumbido de ensinar "os filhos dos boons" e outras crianças, recebendo o salário de 3500 réis/ano, valor que o corregedor da Corte achou exorbitante e que baixou para 2000 réis/ano. Indignado, o professor ameaçou deixar a cidade, o que preocupou as autoridades. O assunto foi levado a D. Afonso V, que, por sua vez, determinou que lhe fossem pagos 3000 réis/ano. Tal fato pareceu-nos importante, uma vez que pretendemos ilustrar uma das tentativas de laicização do ensino e da cultura, ocorrida ao longo do século XV, graças aos ventos renascentistas que sopravam da Itália.

Tanto incentivo à cultura resultou em obras publicadas nos anos 1400. As produções literária, historiográfica, religiosa e didática são méritos dos conventos. Não havia novidades em termos de assuntos, ao contrário,

esse labor talvez se imponha mais pelos aspectos de formação da língua do que pelo temário que desenvolve, que se reconhece de conteúdo pouco inovador, por ser apenas o espelho da vida mental dos fins da Idade Média. (Serrão, 1979: 332).

Por ser reflexo de uma mentalidade medieval, a produção literária retratava, essencialmente, a simbologia antiga, purificada pela doutrina cristã e por valores reais, fazendo alusão à natureza envolvente, para elevar a grandeza de Deus como personagem central da obra. No que concerne, ainda, ao movimento literário, podemos afirmar que no período que se estendeu do século XII ao século XV foi marcado por uma produção altamente teocêntrica, já que os poemas de amor e as novelas de cavalaria tinham por mote a exaltação do guerreiro cristão, dando ênfase ao domínio de Deus e da Igreja sobre o Homem. Nesse sentido, podemos afirmar que os ventos renascentistas demoraram um pouco a soprar na Península Ibérica, levando Portugal a manter as tradições artístico-literárias presentes na Idade Média.

Em Portugal, a efervescência cultural demorou a chegar. Uma das áreas de maior destaque foi a da Historiografia. No que concerne à produção historiográfica, podemos afirmar que ela foi marcada pela redação de crônicas dos sucessos antigos de Portugal, mantida pela livraria Santa Cruz. Dentre os cronistas mais famosos e reconhecidos pela forma com que registraram os fatos estão Fernão Lopes, cujo trabalho era baseado em fontes escritas e em testemunhos fidedignos e Gomes Eanes Zurara, cuja obra abarca crônicas valiosíssimas. Ambos têm o seu valor, o primeiro porque criou um novo conceito de história, o que o consagrou como um dos maiores escritores europeus do seu tempo; o segundo porque produziu trabalhos como "Crónica da Tomada de Ceuta" (1449-1450) e "Crónica dos Feitos da Guiné" (1463-1468), que o tornaram o "cronista ultramarino", já que seus textos, mais tarde, seriam fonte de estudos sobre a expansão portuguesa. Tanto um quanto outro são figuras representativas do cenário histórico de Portugal, mas a Fernão Lopes, a sociedade lusa deve as crônicas mais significativas de seu tempo.

Esse cronista introduziu um novo conceito de história a partir do momento em que relatou e descreveu não só as atitudes reais, mas também as festas populares, as rebeliões e o papel do povo nesses acontecimentos. Seus textos não se derramavam em elogios aos reis, como era comum na época, ao contrário, chegavam a apontar sutis críticas devido à situação em que se encontrava Lisboa em 1456

> (...) A cidade fede a incenso e ao odor das velas com que padres escanzelados esconjuram a ameaça da peste. Há muita mercadoria à venda, mas ao preço a que nos chega quem a pode comprar? Tempos de fartura para os senhores e de escassez para vilões e pobres.

Nesse sentido, temos em Fernão Lopes o cronista que teve a capacidade de registrar não só os grandiosos feitos da realeza, mas também a miséria do povo. Eis aqui o novo conceito de história, ao qual já nos referimos anteriormente: uma ciência interdisciplinar capaz de reunir os feitos humanos em sua totalidade.

É para nós de grande importância observar que a chegada do Humanismo a Portugal trouxe mestres italianos que se fixaram, no país, com o objetivo da docência e do cultivo das letras. Um deles, Mateus de Pisano, poeta e estudioso da Filosofia, descreveu, em latim, a tomada de Ceuta a fim de divulgar para toda a Europa tal conquista. Já o Frei Justo Baldino veio da Itália para redigir, em latim, as antigas crônicas sobre os feitos reais, mas tendo sido nomeado como bispo de Ceuta, não executou essa tarefa. Podemos afirmar, então, que até 1495 todos os documentos, inclusive as crônicas e a literatura de viagem, eram escritos em latim, sendo o *Vita Christi* o primeiro livro publicado em Língua Portuguesa no país.

Considerando tais informações, é possível concluir que a educação ministrada, na metrópole, era para poucos e que especialmente o ensino de língua, no século XV, baseava-se na gramática latina, visto terem ficado responsáveis pela educação lusitana os monges e os frades que lá atuaram. Nesse caso, é importante ressaltar que imposição do Latim sobre a Língua Portuguesa aconteceu em virtude de ser a Igreja – aqui representada pelos sacerdotes supracitados – a mentora da educação portuguesa desde o momento de sua institucionalização. Assim, podemos dizer que, de certa forma, era a Igreja tão ou mais poderosa do que o Estado e, como tal, tornar-se-ia sua grande aliada na conquista do Novo Mundo...

Frente ao panorama histórico delineado e à abordagem da concepção de escola segundo os portugueses, podemos passar à análise da primeira gramática da língua portuguesa, publicada em 1536, por Fernão de Oliveira. Ao tratarmos da *Gramática da Linguagem Portuguesa*, é importante, num primeiro momento, esboçarmos algumas linhas sobre o homem e o autor Fernão de Oliveira, a fim de, posteriormente, contextualizarmos melhor a obra.

Fernão de Oliveira nasceu em 1507, em Aveiro e morreu entre 1580 e 1581. Aos treze anos, foi para o Convento dos Dominicanos. Aos vinte e cinco, abandonou a vida religiosa e refugiou-se na Espanha. Dispensado dos votos monásticos pelo Papa Paulo III, o ex-monge começou a ensinar jovens nobres

> *filhos e filhas de alguns senhores principais desta terra, entre os quais D. Antão de Almada (filho de D. Fernando de Almada, por sugestão do qual publicará a Gramática), os filhos do barão do Alvito e os de João de Barros.* (Buescu, 1975:16),

tendo sido essa o período de maior estabilidade em sua vida. O abandono da vida religiosa rendeu-lhe as conseqüências típicas da época, já que foi perseguido pelos Dominicanos, onipotentes no Santo Ofício, que o acusaram de herege e o prenderam por tempo indeterminado. Após tantas desventuras, a última notícia que se tem desse estudioso da Língua Portuguesa é a de que "lia casos de consciência" na escola em Palmela e recebia um "salário" de D. Sebastião, era o ano de 1565.

No tocante a sua obra, podemos afirmar que Fernão de Oliveira baseou-se em gramáticas latinas, direcionando seus estudos à palavra, de modo que se deteve mais profundamente na formação de palavras e nas descrições fonéticas. Inserido no seu tempo, esse estudioso caracteriza-se como um homem renascentista que traz

> *(...) a curiosidade presencialista, por um lado, em relação ao mundo circundante a par de um majestático sentimento de veneração pelo legado cultural dos Antigos, por via dos Romanos, sem que isso jamais signifique aceitação passiva e acrítica. Essa majestade, com efeito, parece ser a marca ou traço distintivo dos latinistas aos olhos dos Humanistas de Quinhentos (...)* (Buescu, 1998:19).

Nesse sentido, o autor tinha plena consciência de que seu trabalho era uma primeira anotação que serviu para

> *(...) apontar algumas partes necessárias da ortografia, acento, etimologia e analogia da nossa linguagem em comum e particularizando nada de cada dicção, porque isto ficará para outro tempo e obra. E, porém, agora primeiro diremos que coisa é linguagem e da nossa, como é principal entre muitas.* (Oliveira, 1536: 38)

Podemos perceber, a partir da leitura de sua obra, que o autor tinha como objetivos principais: a) tecer louvores à língua portuguesa, indicando que sua estrutura era semelhante às línguas de prestígio, como o latim e o grego; b) descrever a língua portuguesa por meio do bem falar e do bem escrever; c) trabalhar a ortografia portuguesa. É fato relevante afirmar que sua postura, à luz das teorias atuais, era a de um "gramático estruturalista", uma vez que seu trabalho ficou apenas nos níveis morfológico e fonético, sem explorar a sintaxe. Considerando isso, no contexto em que estava inserido, para Oliveira, a língua portuguesa apresentava uma série de vantagens em relação as outras, já que era *"antiga, ensinada e bem conversada e também exercitada em bons tratos e ofícios"* (Oliveira, 1536: 39). Ora, sabemos que tais vantagens só assim se configuravam por estar a dita língua baseada nas regras latinas e gregas, por isso, Fernão de Oliveira, nos primeiros capítulos de sua Gramática, exalta a história de Portugal desde os seus primórdios, citando seus soberanos mais importantes e destacando-os um a um de modo a deixar claro *"o quão essa terra é nobre com muitos bons tratos e conversações, assim em armas como em letras engrandecida"*. (Buescu, 1975:41). Interessante é enfatizar que todo esse apreço à terra deve-se ao momento histórico em que a Gramática foi elaborada – 1536 – época das grandes navegações. Por esse motivo é que o autor diz da importância de se dedicar aos estudos liberais, uma vez que são eles que dão à terra em que nascem a glória tão almejada.

Tecidas as breves considerações sobre Fernão de Oliveira, passaremos a analisar a sua obra que tão grande importância teve para o estudo da Língua Portuguesa no século XVI.

Para compreendermos como se deu, de fato, o processo de implantação da Língua Portuguesa, em Portugal, no século XVI, é importante que busquemos, nas fontes primárias, a política lingüística vigente. Para tanto, a gramática portuguesa de Fernão de Oliveira, publicada em 1536, servir-nos-á de base para depreendermos o percurso historiográfico dessa implantação. É importante ressaltarmos que as transcrições respeitarão a ortografia vigente na época da edição dos documentos.

Sendo assim, essa documentação será analisada a partir de categorias levantadas por meio da leitura minuciosa da fonte primária, a saber: *A Gramática da Linguagem Portuguesa* de Fernão de Oliveira, publicada em 1536. A primeira dessas categorias diz respeito à imposição da língua portuguesa; a segunda refere-se à organização da obra a ser analisada e a terceira à intenção do autor frente a uma política lingüística presente no prefácio da obra.

Embora a obra de Fernão de Oliveira não apresente muitas nuanças acerca do ensino da Língua Portuguesa aos "gentios", afinal estamos no auge da expansão ultramarina, não podemos desconsiderar que a Gramática tem um caráter essencialmente doutrinário, no tocante à estrutura da língua. Ademais, se não há referência à aprendizagem nas terras d'além mar, há, isto sim, uma finalidade para a existência desse compêndio da Língua Portuguesa que se restringe a uma

> (...) notação em algumas coisas do falar português na qual ou nas quais eu não presumo ensinar aos que mais sabem, mas notarei o seu bom costume para que muitos aprendam e saibam quanto prima é a natureza dos nossos homens porque ela por sua vontade busca e tem de seu a perfeição da arte que outras nações adquirem com muito trabalho (...) (Oliveira, 1536:38).

Como podemos perceber, a Gramática de Fernão de Oliveira foi feita com um propósito primeiro de ensinar alguns aspectos da Língua Portuguesa, sem deter-se na questão doutrinária religiosa.

Na análise da obra do autor português, foi possível perceber o quanto a questão referente à imposição da língua portuguesa foi significativa. Em primeiro lugar, ao longo da Gramática, Oliveira tece comparações entre a Língua Portuguesa, a Latina e a Grega. Faz-se importante ressaltar que a cultura clássica é, na verdade, o timão do navio luso que se aventura rumo ao desconhecido na conquista de novas terras. Por isso, na obra de Oliveira é latente a importância dada à Grécia e a Roma quando do domínio que ambas exerceram sobre o mundo, pois

> (...) mandaram a todas as gentes a eles sujeitas aprender suas línguas e em elas escreviam muitas boas doutrinas, e não somente escreviam nelas, mas também trasladavam para elas todo o bom que liam em outras. (Oliveira, 1536: 42).

A essa afirmação acrescenta ainda que tanto romanos quanto gregos, como senhores do mundo, obrigavam os seus 'dominados' – e aí se inclua Portugal – a aprenderem e a aprimorarem o seu idioma. O caráter ideológico e dominador da primeira anotação da Língua Portuguesa está expresso quando Oliveira afirma ser melhor ensinar a Guiné do que ser ensinado por Roma, muito embora também esse fato tenha o seu valor, ou seja, é melhor ser o dominador do que ser o dominado.

Assim, ao apresentar a estrutura da língua portuguesa, atrelada à estrutura da língua latina, Fernão de Oliveira afirma a independência e a identidade política presentes no latim, instaurado como modelo de prestígio, cuja herança, segundo Buescu (1998), para esse gramático do século XVI, não é enfadonha, mas, sim, alvo de transformação e de "reinvenção". Por caracterizar-se como "herdeira" da Gramática Latina, as Gramáticas, produzidas tanto no século XV, quanto no XVI, segundo Nunes (in Orlandi, 1996), dividiam a língua em oito partes, quais sejam: nome, pronome, verbo, advérbio, partícula, conjunção, preposição e interjeição, divisão essa que permanece até os nossos dias, sendo diferentes as maneiras de se conceituar cada parte.

Por meio dessa observação acerca do caráter dominador romano, podemos vislumbrar que Fernão de Oliveira, inserido no clima de opinião do século XVI, marca-se como "guardião" da língua portuguesa e da identidade nacional. Sobre isso, afirma Bastos (1981:34):

> (...) o século XVI pode caracterizar-se pela preocupação dos gramáticos com a semelhança da gramática latina com a portuguesa, e pela glorificação nacionalista da língua portuguesa.

Cabe lembrarmos que a sistematização primeira da Língua Portuguesa dá início a um processo de gramatização que vem baseado no Latim. Desse modo, estabelece-se uma relação de transferência da Língua Latina para a Língua Portuguesa, concretizando-se, assim, a imposição da língua portuguesa, semelhante à imposição da língua latina, implementada pelos romanos. É fato importante mencionarmos que, segundo Auroux (1992), tal relação de transferência denomina-se endotransferência, uma vez que os sujeitos, que efetuaram a passagem da língua latina para língua portuguesa, tinham o Latim como segunda língua, no caso do Império Romano, quando de sua dominação. Assim, se houve um processo de endotransferência, no tocante à língua, no que concerne à gramática houve um processo, ainda segundo Auroux, de endogramatização. Dessa maneira, fica mais clara a "dependência" estrutural da gramática portuguesa em relação à gramática latina, por esse motivo, Oliveira pretendeu enaltecer a língua portuguesa com sua primeira "anotação".

Considerando que a gramática de Fernão de Oliveira nasceu da necessidade de sistematização das regras da Língua Portuguesa, podemos afirmar que o autor a descreve passo a passo, iniciando tal descrição no capítulo VI, tendo, antes, afirmado que, em se tratando de qualquer língua, existem três partes, quais sejam: letras, sílabas e vozes de acordo com a própria melodia. Também a língua portuguesa por elas é composta, ressaltando, assim, o caráter estruturalista de sua obra. Numa análise mais detalhada, podemos perceber aí a organização da Gramática que só se faz presente a partir do capítulo VI. Até então, o autor havia apenas tecido considerações acerca da obra dos mestres latinos e gregos, sem aprofundar-se na descrição da língua portuguesa.

Em relação às letras, o autor as define como "figuras de voz", sendo divididas em consoantes e vogais; estas têm voz própria, enquanto aquelas só a tem se acrescidas das vogais. Interessante é notar que o autor antes de aprofundar-se em suas considerações acercas das letras, apresenta ao aprendiz as concepções advindas dos gregos e dos latinos sobre "as figuras destas letras", as quais

> (...) chamam os Gregos caracteres, e os Latinos, notas, e nós lhe podemos chamar sinais. Os quais hão-de ser tantos como as pronunciações a que os Latinos chamam elementos e nós podemos interpretar fundamentos das vozes e escritura. (Oliveira, 1536: 46).

Mais uma vez, é perceptível a volta constante aos clássicos, principalmente sendo eles uma referência significativa no que tange ao domínio lingüístico do gregos e do latim. Ademais, é de grande importância para o aprendiz saber de onde vêm as nomenclaturas e definições dos conteúdos gramaticais apresentados por Fernão de Oliveira, já que tanto os gregos quanto os latinos são referências fundamentais no processo de implantação e sistematização de suas respectivas línguas, quando de sua expansão política e cultural. A língua instaura-se, nesse caso, como fator de identidade maior de uma nação. Por isso, afirma o autor:

> (...) diz Marco Varrão nos livros de Etimologia, que se mudam as vozes e com elas é também necessário que se mudem as letras, mas não com tão pouco respeito como agora alguns fazem, os quais como chegam a Toledo logo se não lembram de sua terra, a quem muito devem. E em vez de apurarem sua língua corrompem-na com emprestilhos, nos quais não podem ser perfeitos. Tenhamos, pois, muito resguardo nesta parte porque a língua e escritura é fiel tesoureira do bem de nossa sucessão e são, diz Quintiliano, as letras para entregar aos que vierem as coisas passadas. (Oliveira, 1536: 47).

É fato de grande relevância percebermos o caráter extremamente nacionalista presente nessa citação, uma vez que Oliveira remete-se à questão da aculturação, fator preponderante na perda da identidade lingüística. Sendo assim, defender a própria língua era a única maneira de não se tornar submisso a uma cultura estrangeira. Ademais, é por meio da língua nacional que se preserva o passado e que se constrói o futuro de uma nação. Percebemos, pois, que Fernão de Oliveira alerta o aprendiz para a importância da manutenção e da preservação da cultura e da identidade nacionais por meio da Língua Portuguesa, por isso afirma que *"quem folga de ouvir língua estrangeira na sua terra não é amigo de sua gente."* (Oliveira, 1536:88).

A partir daí, o autor começa, no capítulo seguinte, a examinar a melodia da língua portuguesa, passando, assim, a descrever os movimentos da boca e a diversidade dos sons como caracterizadores das diferentes línguas. É fato que

Oliveira não se estende por demais nesse assunto e passa, imediatamente, a apresentar as "divisões" existentes entre as vogais distinguindo-as entre grandes e pequenas. Reconhece, ainda, o gramático que, embora a língua portuguesa seja composta de oito vogais, não são mais do que cinco as figuras que as representam. Por isso, afirma ser importante o conhecimento das letras, pois

> (...) se não tivermos certa lei no pronunciar das letras, não pode haver certeza de preceitos nem arte na língua, e cada dia acharemos nela mudança, não somente no som da melodia, mas também nos significados das vozes, porque só mudar uma letra, um acento ou som, e mudar uma vogal grande a pequena ou de pequena a grande, e assim também de uma consoante dobrada em singela ou, ao contrário, de singela em dobrada, faz ou desfaz muito no significado da língua. (Oliveira, 1536:52).

Frente a essas colocações, podemos perceber a política lingüística implícita, uma vez que o autor faz referências às transformações pelas quais a língua passa ao longo do tempo. É certo que, em se tratando de Oliveira, tais mudanças nem sempre são bem-vindas, pois os empréstimos de outras línguas acabam por corromper a língua nacional, destituindo-a de sua identidade primeira.

Fernão de Oliveira, nos capítulos seguintes, permanece descrevendo a língua dando ênfase às consoantes e aos sons correspondentes a elas. Todas as letras do alfabeto são apresentadas de modo que o estudante possa visualizar e praticar os exercícios de pronúncia relativos a cada uma delas:

> Pronuncia-se a letra b entre os beiços apertados, lançando para fora o bafo com ímpeto e quase com baba.
> (...) a pronunciação do n tine, diz Quintiliano, tocando com a ponta da língua as gengivas de cima. (Oliveira, 1536:54).

A descrição das letras do alfabeto toma grande parte da Gramática escrita pelo autor, sendo que, de modo geral, a comparação com a descrição feita pelos latinos aparece nas referências a Quintiliano, um dos primeiros estudiosos do Latim. Novamente, a cultura clássica faz-se presente, principalmente no que diz respeito aos grandes mestres da língua latina.

Das letras, o autor passa às sílabas e ao acento, apresentando seu conceito e caracterizando a base da língua portuguesa:

> (...) na nossa língua que não há dois acentos, senão onde há duas dicções e não compostas ou juntas em uma. Os lugares deste acento de que falamos são, entre nós, a última sílaba ou penúltima ou antepenúltima. (...) Isto digo, porque na língua grega as dicções que depois de si têm partes enclíticas ou atractivas têm assinado um acento sobre a parte enclítica e outro seu próprio sobre si, o qual às vezes fica antes da penúltima. (Oliveira, 1536:77).

Percebemos, então, ao tratar das questões referentes ao som e à acentuação, o autor compara as "dicções" portuguesas às gregas, analisando de que maneira o acento recai sobre as sílabas. Para nós, é importante enfatizar que as referências feitas ora à língua latina, ora à língua grega são indícios de que a língua portuguesa, assim como elas, instaurou-se como peça chave no período da expansão marítima. Compará-la às outras é determiná-la não só como identidade cultural, mas também como instrumento de poder, em um outro tempo, em um outro espaço...

Nesse sentido, o que devemos levar em conta é que Fernão de Oliveira, como primeiro estudioso da língua, permanece descrevendo-a morfologicamente, vale lembrar, ainda, que, ao se referir aos artigos, compara-os ao latim, indicando os casos nominativo, genitivo, dativo e acusativo. É nesse momento que a política lingüística de dominação, assentada na cultura greco-latina, torna-se concreta. Partir da língua latina como base para análise de partes da língua portuguesa é prova de que houve alguma identificação entre ambas as línguas a ponto de a primeira traçar um percurso, quando do período de dominação do Império Romano, que seria seguido pela segunda quando do período da expansão ultramarina. Faz-se necessário percebermos que Oliveira se caracteriza pela postura comparatista que assume ao traçar um paralelo entre a Língua Portuguesa e o Latim. É fato importante mencionar, também, que o uso do Latim como "espelho" que refletiria a sua estrutura na da Língua Portuguesa indica-nos que na obra do autor, há o "embrião" das idéias renascentista, já que a valorização da cultura greco-latina era um dos principais aspectos a serem considerados pelo Renascimento.

A gramática de Oliveira é concluída com a descrição do verbo, suas conjugações, tempos e modos. Novamente, a comparação com o latim e o grego faz-se presente, afirmando o autor que

> (...) *não temos regras que possam compreender todos, senão os mais, do que nos não havemos de espantar, porque os Gregos, cuja língua é bem concertada, têm um bom caderno de verbos irregulares e alguns nomes. E os Latinos têm outro tão grande de nomes, com seus verbos de companhia. E nós dos nossos faremos memória a seu tempo, mas não nesta obra, na qual não fazemos mais que apontar os princípios da Gramática que temos na nossa língua.* (Oliveira, 1536:123).

Por fim, a partir dessa descrição das partes da Língua Portuguesa, podemos perceber o caráter normativo que é impresso à Gramática de Fernão de Oliveira. Assim, é possível afirmar que, na obra desse autor, o caráter de política lingüística está intimamente ligado ao fato de ter sido esse estudioso o primeiro a sistematizar a estrutura de uma língua ainda incipiente, que necessitaria de um compêndio que a guardasse como a bússola guardaria o rumo das naus lusitanas. Por isso, pede o nosso autor

> (...) que apliquemos nosso trabalho a nossa língua e gente e ficará com maior eternidade a memória dele e não trabalhemos em língua estrangeira, mas apuremos tanto a nossa com boas doutrinas, que a possamos ensinar a muitas outras gentes e sempre seremos delas louvados e amados porque a semelhança é causa do amor e mais em as línguas. (Oliveira, 1536:45).

É fato de extrema importância salientar que essa primeira publicação sobre a estrutura da Língua Portuguesa vem imbuída não só da cultura greco-latina, mas também de nossa identidade lingüística, alçando Portugal ao lugar de honra dos grandes países marcados pela tradição de conquista de novas terras.

Apesar de a Gramática de Fernão de Oliveira ter nascido de uma sugestão de D. Fernando de Almada, pai de um dos pupilos do autor, não há menção à instituição escolar, já que, em Portugal, os responsáveis pela educação da elite portuguesa eram os monges dominicanos e não as autoridades da Corte. Ademais, a política de preservação da cultura lusitana deu-se em terras d'além mar, onde o paganismo e o canibalismo imperavam. Considerando,ainda, a base greco-latina a partir da qual a gramática portuguesa ergueu seus alicerces, podemos perceber a presença de uma política lingüística calcada nos preceitos de dominação por meio da imposição da língua do dominador. Caracterizando-se o Império Lusitano como tal, temos essa política lingüística perpassando toda a obra de Fernão de Oliveira.

Assim, podemos dizer que o autor encerra sua Gramática justificando as possíveis lacunas existentes na descrição da língua a que se propôs fazer. Como ele mesmo afirma ter escrito sem ter "*outro exemplo antes de mim*", tece comentários sobre os erros ou desacertos que podem ser revistos, pedindo que "*a quem conhecer meus erros que os emende*". (Oliveira, 1536:126). Podemos afirmar, então, que como primeira anotação da Língua Portuguesa, a Gramática de Fernão de Oliveira instaura as bases da gramática que seria utilizada até o século XIX. Em face disso, podemos concluir, num primeiro momento, que essa primeira anotação sobre a Língua Portuguesa é feita com base nos preceitos doutrinários que regiam o ensino de língua na época, quais sejam: o de descrever a língua materna objetivando sua aprendizagem e o de valorizá-la como instrumento de caráter social, cultural e político, tendo em Fernão de Oliveira seu precursor...

Porta de línguas: gramática e ensino numa visão plurilíngüe

NEUSA MARIA OLIVEIRA BARBOSA BASTOS
DIELI VESARO PALMA

> – O pequeno é como o grande.
> – O que está em cima é análogo ao que está embaixo.
> – O interior é como o exterior das coisas.
> – Tudo está em tudo.
>
> *Hermes Trimegista*[4]

Para a leitura da obra *Porta de Línguas*, de **Amaro de Roboredo,** caracterizar-se-ão aspectos interferentes nas produções do homem seiscentista, suas atitudes frente às novas tendências da educação da época: o papel da escola e, principalmente, o papel da gramática, buscando, nas correntes filosóficas vigentes na Europa, bem como na vida sócio-econômico-política do povo português, subsídios para o entendimento de tais movimentos.

Todos os aspectos apontados são reflexos de um mundo seiscentista que busca firmar o homem como centro das experiências, das descobertas, dos grandes feitos, pois tendo terminado a Renascença e a Reforma, surgem, naquele momento, duas correntes filosóficas importantes na história do pensamento moderno: o empirismo e o racionalismo, que ficaram em evidência durante os séculos posteriores. Ambas as correntes estavam centradas no homem, denotando um fenomenismo e um subjetivismo: o homem tinha "conhecimento das coisas", a saber: as impressões (subjetivas) que as coisas exercem sobre ele, sobre o eu intelecto (racionalismo) e sobre os seus sentidos (empirismo).

As duas correntes tinham origem diversa. A primeira, mais positiva e prática, conforme a mentalidade anglo-saxônica, originou-se na Inglaterra, com Bacon, Hobbes, Locke. A segunda, mais racional, originou-se na França, com René Descartes.

---

[4] Hermes Trimegista – figura legendária a quem se atribui texto antigo da filosofia hermética: *Tábua da Esmeralda*, no qual Newton teria se inspirado para admitir que não se poderia fazer uma teoria dos gases admitindo somente forças de atração entre os átomos dos gases, deveria haver também forças de repulsão.

O empirismo e o racionalismo negavam qualquer sujeição ao "*magister dixit*" e proclamavam a experiência como única fonte do conhecimento, e a razão como único critério de verdade. Dessa forma, essas duas novas idéias iam minando o verbalismo e o formalismo seiscentista, que já estavam enfraquecidos na Europa, e iam implantando a livre investigação e o espírito crítico, pois tinham estreitas relações com as ciências exatas e naturais (física, astronomia, mecânica, matemática, etc...) que se desenvolveram bastante no século XVII, devido ao interesse da civilização e do pensamento moderno pelo experimento.

Também com a história, o empirismo e o racionalismo tinham estreitas relações. Através do seu ideal indutivo, o empirismo pôde, segundo Padovani e Castagnola (1984), até certo ponto, concordar com a investigação histórica erudita; no entanto, o racionalismo, pelo seu ideal de noções claras e distintas, inteligíveis e racionais, obviamente contrapôs-se à história e à tradição, pois tais noções abstratas e universais não podem aí se realizar.

Esses dois movimentos, em Portugal, não foram bem vistos pelas universidades e pelos defensores da autoridade da religião e da política, porquanto não preconizavam uma religião positiva, um direito concreto, uma moral religiosa, mas sim a religião natural, a moral natural que caracterizariam o rompimento com a tradição vigente.

Entretanto, os grandes filósofos e cientistas manifestavam intensa atividade mental fora da península, nos países onde o clima espiritual era mais propício à especulação científica. Em Portugal, porém, onde imperava a escolástica aristotélica, a influência de tais idéias só se fez sentir depois de meados do século XVIII, fazendo com que os portugueses ficassem afastados e atrasados com relação às grandes correntes do pensamento moderno.

Estavam os portugueses voltados para a valorização do conhecimento humano verdadeiro e próprio, que é limitado ao mundo do sensível. Acima do sentido, há o intelecto que atinge o inteligível – forma imanente às coisas materiais – e tem primazia sobre a vontade. Essa filosofia escolástica predominava entre os portugueses, no século XVII, defendida pelos filósofos e teólogos da chamada escola conimbrense. Os seus mais altos representantes foram os jesuítas que, confinados à escolástica, glosaram textos e comentários de Aristóteles, alheios ao desenvolvimento do pensamento moderno vigente no restante da Europa.

Cumpre lembrar que, diante do confinamento intelectual em que se encontravam os portugueses, tivemos, entre os gramáticos, de maneira geral, uma continuidade de postura quinhentista por parte de Álvaro Ferreira de Véra, Ioam Franco Barretto e Amaro de Reboredo. Assim, devemos mencionar que, das produções gramaticais do século XVII, a mais significativa pela sua riqueza de pormenores e pela criatividade da proposta, é a de Amaro de Reboredo, dono de um discurso adequado à situação descrita, seguidor do descritivismo comparativista, anterior às correntes nascidas na Europa no século XVII.

O panorama intelectual apontado é fruto da ausência de um avanço da sociedade portuguesa que, na época, possuía elementos étnicos estranhos: <u>estrangeiros</u>, principalmente ingleses e flamengos, que se dedicavam ao comércio e às indústrias; <u>ciganos</u>, que vagabundeavam, vivendo de furtos e embustes, e, apesar de terem sido presos e deportados do Reino de D. João IV, vagueavam por todo o país; e <u>escravos</u>: indianos, negros e mouros, que existiam em grande número, para servir à corte, para explorar a agricultura e para a atividade mineira nas colônias da América.

Por volta de 1640, conforme Martins Afonso (1969), a população portuguesa não atingia ainda milhão e meio de habitantes. O crescimento populacional ainda demorou, em virtude do longo período das guerras da Restauração, em que a crise econômica era grande e a perda de homens também.

Essa população sofrida alimentava grande ódio ao castelhano, que lhe havia tirado a soberania e, esperançosa, trazia no "*sebastianismo*" (convicção generalizada às classes cultas do país, a princípio timidamente e depois, crença altaneira, sustentada com ênfase, propagada com ardor – espécie de conduto espiritual para a esperança da ressurreição da pátria sob a tirania espanhola) uma idéia – força do patriotismo ansioso de desforra, a energia capaz de fazê-la aguardar o momento de reagir contra a situação humilhante de povo-servo.

Os filipes não se preocuparam com o crescimento da nação portuguesa. Filipe II nada de enaltecedor deixou atrás de si; apenas ficaram uma nação governada como sendo uma província espanhola, num estado lastimável, e um povo alarmado, mas ainda esperançoso. Filipe III, por sua vez, executava bem os planos de exterminação política da nação portuguesa, pois o comércio português estava arruinado, os portos lusitanos indefesos, as colônias abandonadas na mão de pessoas não idôneas e, conseqüentemente, o patriotismo quase morto e a luxúria dominando os portugueses. Os nobres tinham seu patrimônio diminuído, os proprietários rurais não tinham servos, o povo não tinha mais incentivos e a Língua Portuguesa sofria.

A Inquisição só veio agravar mais a situação com sua perseguição aos judeus, que faziam florescer o comércio e constituíam parte fecunda da sociedade da época coalhada de erros e mais erros que se acumulavam nos governos dos filipes. Tal situação não se modificou com Filipe IV, que delegou poderes absolutos a Dom Gaspar de Guzmán, o conde-duque de Olivares, que não foi bem sucedido em Espanha por ter ao seu lado um rei inerte, uma corte depravada e um aristocracia egoísta, o que só o prejudicou, impedindo-lhe um bom governo; além disso, tinha por Portugal uma aversão incontida e, por meio de um triunvirato (D. Nuno Álvares, o bispo de Coimbra e o de Basto), extorquiu as verbas que pôde.

Não só Espanha se empenhou em enfraquecer Portugal. As demais nações européias que não haviam lucrado com os grandes descobrimentos e que estavam impressionadas com a maravilhosa fortuna amealhada pelos portugueses no século anterior, preocupavam-se agora com estudar as razões do empobrecimento de suas pátrias e com o enriquecimento das países ibéricos. Homens inteligentes e curiosos concluíram que as nações mais ricas eram aquelas que possuíam ouro e prata em abundância, e julgaram necessária a imposição de um procedimento teoricamente muito simples: importar o mínimo e exportar o máximo, para que se ficasse com a maior soma de dinheiro.

Visando a tal objetivo, várias medidas **econômicas** foram tomadas: em primeiro lugar, procurou-se incentivar, no próprio país, culturas e indústrias que fossem viáveis, aumentando a possibilidade de exportação, com conseqüente diminuição da importação; em segundo lugar, instituiu-se a proteção alfandegária, isto é, todas as mercadorias vindas de fora que fossem similares às produzidas no país, eram taxadas, ao entrar, com valores altíssimos; em terceiro lugar, procurava-se produzir o que tivesse boa receptividade em outros países, quer pela qualidade, quer pela necessidade dos que não produziam determinado artigo.

Tais medidas, de acordo com Haddock Lobo (1968), vieram a favorecer os países europeus, que fizeram com que a situação fosse invertida, e os países ibéricos, principalmente Portugal, passassem a ter sua balança comercial com uma queda cada vez mais ampla, chegando a se enfraquecer tanto, a ponto de perder sua hegemonia político-econômica.

Assim sendo, no século XVII, a situação de Portugal, como temos frisado, era lamentável. Havia inúmeras despesas de guerra e, para acudir a essas despesas, fez-se necessária a cunhagem de várias moedas (tostões e vinténs); no entanto, a desvalorização continuava, e elevava-se o valor da moeda corrente. Situação precária que impede o fortalecimento de qualquer medida educacional tendente à aniquilação em meio a crises sócio-econômicas.

Tal situação foi-se agravando ainda mais até que, para obter apoio das nações estrangeiras – as grandes potências (Inglaterra e Holanda) – Portugal abre as portas para a exploração do comércio e, com a entrada de muita mercadoria estrangeira, há o prejuízo da produção e do comércio internos. A Inglaterra entrava no Porto com sua primeira feitoria para a exportação do vinho, pois os portugueses não tinham mão-de-obra, seus camponeses estavam nas fileiras militares.

Por outro lado, o comércio externo português estava também asfixiado pelas nações que então dominavam os mares (a *Companhia Holandesa das Índias Ocidentais* foi uma das causadoras dessa sorte de problemas), até que, em 1649, a *Companhia do Comércio para o Brasil* tenta a proteção e a defesa dos portos do Brasil e da Metrópole, e monopoliza o pau-brasil, o transporte do vinho, da farinha e do bacalhau; no entanto, por estar mal organizada e com a situação econômica precária, teve seus bens anexados à Coroa, até a sua extinção em 1720. Pelo que se observa, a situação financeira era periclitante, o que foi fazendo com que os portugueses se endividassem cada vez mais, sem resolver seus problemas, deixando em segundo plano a questão de fundo para o crescimento de uma nação: a educação do povo da Metrópole e da Colônia.

Observando tal estado de coisas, Ribeiro de Macedo, ministro em Paris, introduziu em Portugal o colbertismo (política acentuadamente mercantilista, com o objetivo de regulamentar a indústria e o comércio para o fomento e valorização dos produtos nacionais) por meio da obra *"Discurso sobre a introdução das artes (=indústrias) em Portugal"*. Acreditava ele que a industrialização levaria grandes benefícios a Portugal, entre eles o extermínio da ociosidade e o aumento das rendas reais. Motivado por essas idéias, o conde de Ericeira, ministro de D. Pedro II, iniciou a política mercantilista com o desenvolvimento fabril.

Houve, então, o fomento das fábricas de lanifício e a publicação de pragmáticas proibindo o uso de tecidos estrangeiros e sua importação, o que, mais tarde, se ampliou para outros artigos. E, durante vinte anos, não houve importações de tecidos, a indústria prosperou, e o governo acabou por revogar a proibição de certos artigos; no entanto, por volta de 1698, houve nova pragmática renovando proibições; donde se conclui que as tomadas de atitude e revogações de tais atitudes não foram uma boa política para a época, pois acabava-se voltando sempre ao estado inicial.

Toda esta situação desencadeou, para o povo português, a completa ruína econômica, o que provocou a miséria social, e o total esfacelamento do exército e da marinha, já excessivamente enfraquecidos, acirrando os apetites dos demais países europeus frente a Portugal, que já vinha sofrendo as conseqüências da dominação espanhola, bem como os desmandos de governantes mal intencionados.

Nessa altura, os portugueses, revoltadíssimos, começaram uma rebelião para readquirir sua independência, pois nutriam o mais profundo ódio pelos filipes e tinham várias razões para isso: comércio arruinado, colônias decadentes, marinha desfeita, alfândegas falidas, miséria nos lares e impudor na corte, enfim, a mais completa ruína. Nos dizeres de Ferreira (1951:74): *"Era o estado prodrómico da revolução*" que levou Portugal a restabelecer sua independência com o reinado de D. João IV.

O ambiente espiritual reinante no século XVII, marcado pela falência econômica, moral e social, não era propício às produções culturais, o que acarretava o enfraquecimento da atividade mental, e conseqüente decadência geral da **cultura** portuguesa, da fé, e a ausência de liberdade política. Tal situação não contribuiu para a criação de trabalhos de caráter científico ou literário; ao contrário, embotou-a.

Podemos aqui salientar alguns pontos que afetaram os intelectuais portugueses: em primeiro lugar, o fator que abalou a terra e a gente como um todo, e que foi a perda da independência para o domínio filipino. Em segundo lugar, a corte espanhola não era protetora das Artes e Letras, não incrementando nenhum tipo de manifestação literária e fazendo ainda com que Portugal perdesse contacto com os grandes centros da cultura européia. Em terceiro lugar, pode-se citar a censura literária, que bloqueou muito a criação da gente da época que, tolhida, ensimesmou-se, voltando-se para o culto da forma, uma vez que o conteúdo devia ser o que queriam que fosse.

Por fim, podemos remeter, de novo, à Inquisição que, excessivamente negativa e repressiva, organizava, com seu Tribunal, os índices expurgatórios condenando livros considerados heréticos. Com os jesuítas, outro obstáculo à cultura literária do País deve ser citado: a censura que, segundo Remédios (1914), era severa, e várias licenças eram necessárias – a do Desembargo do Paço, a do Ordinário e a do Santo Ofício, forças representativas dos poderes reinantes.

Nesse espírito de Contra-Reforma, que teve como seu principal instrumento a Companhia de Jesus, a repressão e a espionagem foram os pontos altos e, para a consecução de seus propósitos, a Ordem utilizava a pregação, a confissão e o ensino. Essa fiscalização severa, no entanto, foi um dos motivos do êxito educativo conseguido pelos jesuítas, tendo sido também o fator entravador do desenvolvimento intelectual, principalmente no sul da Europa.

Com todas essas adversidades, os literatos voltaram-se para o culteranismo ou gongorismo, preocupando-se excessivamente com a forma, utilizando uma série de rebuscamentos como: paradoxos, trocadilhos, jogos de palavras, portanto, numa linguagem pomposa e pouco inteligível. O misticismo era uma constante em suas poesias; havia autores de obras de edificação religiosa e moral, dentre os quais podem ser citados grandes expoentes, como o Padre Manuel Bernardes e o Padre Antônio Vieira.

Além do misticismo, outras influências houve na citação da atmosfera moral da época, segundo Fidelino de Figueiredo (1944): o profetismo sebastianista, o filosofismo tomista na sua derradeira imobilidade, a cabala e o academicismo.

Com relação às academias, à semelhança da França, da Alemanha e da Itália, numerosas sociedades também foram criadas em Portugal, umas com o objetivo de aperfeiçoar a língua e a literatura, outras para engrandecer as ciências. Tais academias não floresceram muito porque a **educação** unilateral e tendenciosa dos jesuítas, o pavor dos tribunais da Inquisição, com suas masmorras e autos de fé, e a ausência de liberdade política não impulsionaram o surgimento de trabalhos de caráter científico ou literário. Para exemplificação, citemos a academia dos Generosos, fundada em 1647 por D. Antônio Álvares da Cunha, e a dos Singulares, fundada por volta de 1660 por Francisco Manoel de Melo.

As produções da época, como já foi mencionado, eram voltadas para a edificação moral e religiosa, e vários monumentos literários existem, tanto na língua portuguesa quanto na castelhana. *"O século XVII é a época principal do nosso bilingüismo literário, como se documenta no catálogo de Domingos Garcia Peres"*, conforme Fidelino de Figueiredo (1944).

Uma outra tendência surgiu, também fruto do momento histórico: a *historiografia*, com a exaltação patriótica a serviço de um pensamento – manter e avivar o espírito nacional, sob a dominação estrangeira; nessa corrente, têm-se os monges Alcobacenses, com uma vasta publicação. A característica geral dos historiadores foi a falta de simplicidade, suprida pela afetação retórica e pelo cuidado excessivo dado à forma, o que os recomenda mais como estilistas do que como historiadores.

Os frades, principais historiadores, viviam alheios à luta das sociedades, onde se desenrolavam os acontecimentos. Escreviam frases elegantes, períodos sonoros, expressões rendilhadas para traduzir fatos contados por outros, pois a situação histórica não os favorecia.

Ainda com relação à produção escrita, na filosofia político-jurídica, renovou-se e desenvolveu-se a doutrina medieval da soberania inicial do povo, levando-a à conclusão extrema de afirmar que se o rei fosse tirano, o povo teria o direito de resistir à opressão e depô-lo, ou ainda, se necessário, condená-lo à morte. Pela efervescência dessas doutrinas, aliadas ao messianismo sebastianista e à historiografia alcobacense, percebemos bem que a reação contra a tirania filipina estava latente e foi-se desenvolvendo até a Restauração.

No que diz respeito à arte, o estilo barroco apareceu no interior dos monumentos, onde a ornamentação foi ganhando a exuberância na *talha dourada* que reveste altares, púlpitos, coros, paredes, tetos, colunas espiraladas, símbolos eucarísticos, querubins, etc. Seu representante de destaque foi Manuel Pereira. De acordo com Cidade (1960:85), percebe-se

> *"o orador, segundo Vieira,[a mostrar desvelos, a acreditar empenhos, a requintar finezas, a brilhar auroras, a derreter cristais, a desmaiar jasmins, a toucar primaveras e*

outras indignidades...]. Que estonteante harmonia de todos os aspectos da cultura, na fuga à vida pela guloseima dos sentidos e pelos artifícios do engenho!"

Em todas as manifestações artísticas, quer na literatura, quer na arquitetura ou pintura e escultura, houve a introspecção dos seus autores. Nas obras escritas, notamos o trabalho com a forma, em prejuízo do conteúdo, que devia ser superficial ou religioso, não podendo manifestar qualquer sentimento de revolta contra o sistema vigente.

Em se tratando de educação, convém dizer que, no século XVII, em vários países europeus, a necessidade da didática cientificamente embasada começa a ser sentida, pois, com o progresso das ciências experimentais e das matemáticas, essas disciplinas deviam ser ministradas na escola que, até então, era voltada para o literário, para o humanístico.

Dava-se, agora, importância à educação dos sentidos e ao emprego dos métodos objetivos. As novas descobertas geográficas, o desenvolvimento da indústria e o surto das ciências naturais muito contribuíram para o prestígio desse novo conceito de educação, destacando-se o florescimento das ciências naturais, que suscitou o interesse pela cultura científica e o abandono dos estudos clássicos.

Houve, ainda, uma nova preocupação: a educação plebéia, isto é, a educação daqueles que não pertenciam às classes nobres, por obra das instituições religiosas, o que fez com que os burgueses passassem a dar educação aos seus filhos nas melhores escolas, como os colégios dos jesuítas, e aí, os filhos dos ricos plebeus conviviam com os filhos das famílias mais nobres e, dessa forma, igualavam-se, em cultura, aos nobres. Lembra-se, aqui, a sátira do ilustre beletrista português, D. Francisco Manuel de Melo, contida na peça *O fidalgo aprendiz*.

Percebe-se, no entanto, que o privilégio do estudo era daqueles que tinham uma posição de destaque, ou pela nobreza ou pela riqueza, e que aos pobres não era dado o direito do estudo. O Cardeal de Richelieu, no seu *Testamento político*, declara: "*Assim como um corpo que tivesse olhos em todas as suas partes seria monstruoso, da mesma forma um Estado o seria, se todos os seus súditos fossem sábios; ver-se-ia aí tão pouca obediência, quanto o orgulho e a presunção seriam comuns*" (apud Nunes [1981]).

E assim, continuavam poucos com muitos privilégios pela Europa.

Voltando os olhos novamente para Portugal, tomamos Cunha Brochado que, em suas *Memórias*, disse viverem os lusitanos longe das atividades culturais da Europa, pois *"primavam pela ignorância"* (apud Nunes [1981]). Tal dado deve ser levado em consideração, uma vez que, com a pobreza cultural, com o afastamento do resto da Europa e sem o incentivo do próprio reino para esse aspecto, verificamos a pouca produção em todas as áreas, inclusive no que se refere à sistematização da língua por meio da produção de gramáticas normativas.

Deve-se lembrar, ainda, outro importante autor: D. Francisco Rodrigues Lobo, em sua obra *Corte na aldeia*, em que aborda a educação como privilégio dos ricos e aponta os pobres como desafortunados, pois não conseguiam estudar, a não ser buscando a clericatura:

> "...*de ordinário, os que as buscam [as escolas], ou são filhos segundos e terceiros da nobreza do Reino, que, por instituição dos morgados de seus avós, ficaram sem heranças e procuraram alcançar a sua pelas letras, ou são filhos dos homens honrados e ricos dele [Reino], que os podem sustentar com comodidade nos estudos, ou religiosos escolhidos nas suas províncias, por mais habilidade e confiança para as letras; e assim fica sendo a gente mais criada do Reino, diferença que não pode haver na Corte e na Milícia.*" (apud Nunes [1981]).

Além do problema de classes sociais muito diferenciadas, havia ainda a forma de se ensinar, considerando, por exemplo, a utilização da memória como item fundamental, enquanto o raciocínio era relegado a segundo plano, pois visavam a uma preparação humanista sólida e profunda através do ensino dividido em três grupos: as letras humanas, a filosofia e a teologia. As letras abrangiam o estudo das línguas e das literaturas grega e latina, compreendendo a gramática, as humanidades e a retórica. A filosofia abrangia o estudo da filosofia de Aristóteles e de Santo Tomás de Aquino, da matemática e das ciências; e a teologia era estudada somente pelos membros da Ordem dos Jesuítas e pelos alunos dos seminários e universidades. Ressalte-se a valorização que ocorreu no ensino do latim e do grego, ainda que com prejuízo do ensino da língua materna. É a presença da obediência às concepções dos modelos greco-latinos de gramática, assentados nas especulações platônicas acerca da língua e nas considerações aristotélicas sobre as relações entre linguagem e pensamento.

Cumpre, ainda, salientar três dados de relevância: o teatro, a eloqüência e o jornalismo. Quanto à produção teatral, dois tipos mereceram destaque: primeiramente, o de tendência peninsular, com personagens vicentinas (fidalgo pobre, presunçoso e poltrão, a rapariga desejosa de amores romanescos, etc.) que tendiam para a comédia e, em segundo lugar, o teatro jesuítico, escrito em latim, prolixo, com conteúdo religioso e moral passado através de temas históricos ou lendários das Sagradas Escrituras e da vida interna da Companhia. Segundo Fidelino de Figueiredo (1944), representavam as peças, estudantes, e só eram exibidas em ambiente escolar, tendo como mérito a conservação, em meios sociais elevados, do gosto pelos espetáculos teatrais, e a antecipação à idealização romântica de temas históricos, se bem que sem sentimento histórico.

Para se abordar o jornalismo, enfocar-se-á a importância do seu surgimento em 1625, em Lisboa, com a publicação, por Manoel Severim de Faria, da *Relação universal do que succedeo em Portugal e mais provincias do Occidente e Oriente, de março de 625 até todo o setembro de 626.* Várias publicações no gênero: papéis volantes, notícias avulsas, foram precursores da **Gazeta**, cujo primeiro número saiu em 1641. Em 1663, publicou-se o *Mercúrio Português*; no entanto, tratava-se de publicações excessivamente controladas, conseqüência do momento histórico em que se vivia, situação que embotava o crescimento do jornalismo, fortemente propagado e engrandecido somente depois de 1820, com idéias totalmente liberais.

Vivendo esse período de grande decadência, que vinha desde D. João III num abatimento geral, aumentando nos anos de menoridade de D. Sebastião e nos dias do Cardeal Rei D. Henrique, e consolidando-se, com vigor, neste século, Portugal, como referido anteriormente, mantinha-se praticamente alheio às novas tendências européias, e decadente culturalmente; suas colônias, em conseqüência, sofreram um total desincentivo cultural. O Brasil, por exemplo, não dispôs de cursos superiores até a sua independência política, no século XIX. Para o colonizador, o domínio era mais pacificamente imposto numa colônia onde a ignorância da maioria imperasse; sendo assim, retardaram o quanto puderam a expansão cultural brasileira.

Para os brasileiros, o retorno ao classicismo, por exemplo, enobrecia-os; no entanto, não havia a vinculação ao real. Não se poderia falar de uma mentalidade feita de abstrações, porque ela não era vinculada a coisa alguma do real, do qual pudesse abstrair. Havia a vivência da irrealidade, sem construção de um mundo brasileiro, apenas a recepção daquilo que era Europa, transplantado à colônia. A educação dos letrados era a meta daqueles que iam a Coimbra cursar uma faculdade, sem se questionar sobre as necessidades da Colônia, suas exigências, enfim, sua realidade. Voltava-se com pendor à defesa das questões metropolitanas.

Ao que se sabe, os colégios dos jesuítas ensinavam aos que depois seriam os professores nos demais colégios dos jesuítas, havendo assim uma circularidade de ensino, sempre distante das exigências da terra. É nesse século XVII que surgem várias Escolas, Colégios e Seminários, aumentando a rede de ensino. Citem-se alguns: Colégio de Santo Inácio, em São Paulo (1641); São Miguel, em Santos (1652); São Tiago, no Espírito Santo (1654); Nossa Senhora da Luz, em São Luiz do Maranhão (1670); Nossa Senhora do Ó, em Recife (1678); e o Seminário de Belém da Cachoeira (1687).

Com a chegada de João Maurício de Nassau em Pernambuco, no ano de 1637, a vinda de artistas e cientistas europeus para o Brasil ocasionou um desenvolvimento cultural, pois chegaram, além de dois importantes cientistas: Piso (patologista) e Marcgrave (naturalista), pintores, matemáticos, botânicos, médicos, entre outros. Criou-se, ainda, o primeiro observatório astronômico do Brasil. Todavia, todos esse melhoramentos não visaram ao bem do povo, à sua instrução.

Por iniciativa da Metrópole, foram instaladas na Bahia e no Maranhão aulas de artilharia e de arquitetura militar, com o objetivo de defender a colônia dos ataques estrangeiros, o que mostra a preocupação com a Colônia somente com o intuito de dominação pois, a favor do povo, de sua cultura e desenvolvimento intelectual, muito pouco ou quase nada foi realizado, por haver não só grande desinteresse pela cultura, mas também um grande interesse pela atividade agrícola e mineira. Além disso, a decadência cultural e política da Metrópole afetou o desenvolvimento da Colônia.

Localizados nesse meio precário econômica e politicamente, nesse conturbado momento histórico, poucos gramáticos, como afirmamos anteriormente, se arvoraram a escrever obras sobre sua língua materna. Véra, Barreto e Roboredo merecem atenção, no entanto nós nos deteremos na obra *Porta de Línguas* de Roboredo, considerada a mais significativa pela sua riqueza de pormenores e pela criatividade da proposta. É Amaro de Roboredo, dono de um discurso adequado à situação descrita, seguidor do descritivismo comparativista anterior às correntes nascidas na Europa no século XVII.

A obra de Véra, *Ortografia ou modo para escrever certo na língua portuguesa*, publicada em 1631, deve ser incluída entre as obras essencialmente de caráter normativo, abordando a sistematização ortográfica da língua: descrição das letras e regras de ortografia. A valorização da escrita é justificada por Véra pela sua perpetuidade propiciadora das revelações das sociedades antigas a médio e longo prazo. Registre-se, nesse instante, a preocupação do ser humano em fazer o outro saber os seus feitos, as suas glórias, os seus costumes, perpetuando-os, atitude que tem sido uma constante em todos os séculos de que se tem notícia. Assim, têm sido estudadas as literaturas de povos antigos, a sua língua e os seus usos e costumes, *através da escrita*, reveladora das manifestações culturais.

A obra de Barreto, *Ortografia da língua portugueza*, publicada em 1671, é apresentada também com caráter normativo, ampliando a abordagem em relação aos antecessores, pois, em seus cinqüenta e oito capítulos, trata, separadamente, cada uma das classes gramaticais, cada uma das letras do alfabeto e cada um dos sinais de pontuação. O valor atribuído à descrição da língua estabelece-a como arte, elaborada somente por homens de prestígio, posicionando-se, dessa forma, em um nível cultural elevado.

A obra de Amaro de Roboredo será antecedida por breves considerações sobre a sua vida, conforme o *Dicionário Bibliográfico Português – Estudos* de Innocencio Francisco da Silva, tomo primeiro (Lisboa, 1858), a fim de mostrar a questão do domínio intrinsecamente formador do sujeito/autor em foco.

Amaro de Roboredo foi um dos mais célebres gramáticos portugueses; seguiu o estado eclesiástico, e teve um Benefício na Igreja de Nossa Senhora da Salvação da Vila d'Arruda, Distrito de Lisboa. Nasceu na Vila d'Algoso, da Província de Trás-os-Montes, conforme uns, ou na cidade de Viseu, conforme querem outros. Nada consta com certeza quanto às datas de seu nascimento e óbito. Vê-se, porém, que florescia no primeiro quartel do século XVII.

Amaro de Roboredo, bem relacionado com a nobreza e parte integrante do clero, foi secretário do Arcebispo de Évora, D. Diogo de Sousa; foi mestre dos filhos de D. Balthazar de Teyve, fidalgo castelhano, morador em Lisboa; instruiu também a D. Duarte de Castello-Branco, primogênito de D. Francisco de Castello-Branco, Conde de Sabugal e Meirinho-mór do Reino. Sobre Amaro de Roboredo, devemos afirmar que, fundamentado nos monges de Salamanca – "Ianua Linguarum", propõe o ensino de língua portuguesa por meio da frase, dando ao português uma prescrição de regras mais adequadas à estrutura de uma língua analítica. Devemos salientar, ainda, a importância atribuída à aquisição de palavras portuguesas e espanholas, uma vez que há, nesse aspecto, dois pressupostos de caráter político: primeiro, as línguas portuguesa e espanhola estão no mesmo nível, o que, no século anterior, era inadmissível, havendo diálogos em que se discutia a superioridade de uma língua sobre a outra, e não eram poucas as cartinhas que tratavam do mesmo assunto; segundo, tornam-se, as línguas portuguesa e espanhola postas em paralelo, separadas das demais latinas, como se elas fossem a evolução do Latim, e as outras não.

Entre as obras de Roboredo, são assinaladas:

Declaração so symbolo para uso dos Curas, pelo ill^{mo}Sr. Cardeal Bellarmino, traduzida da língua italiana. Lisboa, por Pedro Craesbeeck, 1614. 8º – Ubi, na Off. Craesbeeckiana, 1653. 8º de v – 60 folhas numeradas só na frente.

Doutrina Christã, Lisboa, por Pedro Craesbeeck, 1620. 8º.

Socorro das Almas do Purgatório, para se Saberem tirar com indulgencia as almas nomeadas, e applicar-lhe bem a saistfação das obras penaes e pias, Ibi, pelo mesmo impressor, 1627. 12º & ibi, por Antonio Alvares, 1645. 24º ("estes tres pequenos opusculos, posto que não vulgares, são de pouca consideração").

Verdadeira Grammatica Latina para se saber em tempo, escripta na lingua portugueza, com exemplos na latina, Lisboa, por Pedro Craesbeeck, 1615. 8º ("ainda não poude ver algum exemplar d'esta Grammatica, que não existe nas Bibliotecas publicas d'esta Cidade").

Methodo Grammatical para todas as linguas, por Pedro Craesbeeck, 1619. 4º de XXXII – 241 pag., e mais 7 no fim sem numeração ("o único exemplar que conheço desta obra vi-o na Biblioteca Nacional de Lisboa").

Grammatica Latina mais breve e facil que as publicações até agora, na qual precedem os exemplos as regras, Lisboa, por Antonio Alvares, 1625. 8º de XXII – 176 pag. ("pouco vulgar, como as demais obras do auctor").

Regras da Orthographia Portugueza. Ibi, pelo mesmo Impressor, 1615. Uma folha ("esta edição, citada por Barbosa, é raríssima, e não conheço nem jamais vi algum exemplar dela. Mas em seu lugar aparece uma reimpressão, que também não é comum, com o tìtulo seguinte: *Regras da Orthographia da Lingua Portugueza*, recompiladas por Amaro de Roboredo, expostas em forma de dialogo, novamente corretas; com a Taboada exatissima de Andre de Avellar, Lente de Mathematica na Universidade de Coimbra: ampliada com algumas curiosidades pelo P. Bento da Victoria, etc., Lisboa Occidental, na Off. Joaquiniana da Musica de Bernardo Fernandes Gaio, sem data de impressão. 8º de VIII – 47 pag. Este nome de Bento da Victoria é um pseudônimo de que se serviu o P. Victorino José da Costa, por cuja diligência consta se fizera esta reimpressão").

Raizes da Lingua Latina, mostradas em um Tractado e Diccionario, isto é, um Compêndio de Calepino, com a composição e derivação das palavras, com a orthographia, quantidade e phrases d'ellas, Lisboa, por Pedro Craesbeeck, 1621. 4º de 443 pag. Preço 800 a 960 réis até 1:200.

Porta de Linguas, ou modo muito acommodado para as entender, publicado primeiro com a tradução hespanhola, agora acrescentada a portugueza, com numeros interlineares, pelos quaes se possa entender sem mestre estas linguas. Ibi, pelo mesmo Impressor, 1623. 4º de XXIV – 319 pag. ("Tractado de Roboredo o nosso grande philologo Jose Vicente Gomes de Moura diz: 'Este distincto grammatico mostra-se nas suas obras superior ás idéas do seu tempo: das linguas latina e materna em um mesmo compendio, e concebeu a idéa dos principios geraes da grammatica, e da grammatica comparada: bem como a necessidade de reformar o methodo por que então se ensinava a lingua latina'")

Centrar-nos-emos a seguir na obra *Porta de Línguas*, escolhida pela sua originalidade. Surgida em contexto desfavorável ao acompanhamento do empirismo inglês ou do racionalismo francês, portanto voltada para a descrição do português, pode ser considerada a mais significativa e reveladora do momento histórico em que foi produzida. Fundamenta-se, como já citado, na "Ianua Linguarum" dos monges de Salamanca.

Publicada em 1623, período de conturbadas crises já apontadas, revela um projeto ambicioso por pretender que se adquirisse uma língua através da "cópia", por meio da memória, considerada importante, traço característico de um período de fechamento em Portugal, vivendo entre o messianismo sebastianista e a historiografia alcobacense. Prega a possibilidade da docência sem professor, ficando subentendida nesse momento a marca definitiva da importância de um texto como o seu que objetiva ensinar aos portugueses uma norma de conduta social, através de regras prescritivas, criadas por ele qual legislador, a fim de que se pudesse estabelecer, num mundo representado pelo seu discurso, a relação dominador/dominado.

O discurso gramatical é tratado sob o prisma de um discurso político, à medida que o gramático, enunciador social, aparece como porta-voz do governo, como parte do aparelho ideológico do estado (Althusser, 1985); ou como um discurso científico, à proporção que o gramático assume a emissão de conceitos, narrativa da verdade, para a construção do saber o que é Língua Portuguesa; ou como um discurso pedagógico, à medida que o gramático é controlador da ação do educando, modalizado pelo saber fazer; ou como um discurso jurídico, à proporção que ele como legislador, estabelece normas e regras a serem seguidas pelos leitores, criando proibições e permissões.

Assim, temos como concepção gramatical *o saber ler e escrever bem*, com base no saber latinista, percebendo-se que, na época enfocada, a tradição, ainda, é submeter-se a gramática portuguesa aos moldes da gramática latina. Gramática é arte não ciência.

Em seguida, salientemos, na obra de Reboredo, a importância atribuída à aquisição de palavras portuguesas e espanholas, por uma questão de domínio lingüístico espanhol x português, uma vez que há, nesse aspecto, dois pressupostos de caráter político: primeiro, as línguas portuguesa e espanhola estão no mesmo nível, o que, no século anterior, era inadmissível, havendo diálogos em que se discutia a superioridade de uma língua sobre a outra, e não eram poucas as cartinhas que tratavam do mesmo assunto; segundo, pondo em paralelo as duas línguas, torna-as separadas das demais latinas, como se elas fossem a evolução do Latim, e as outras não.

O livro é dividido em dez capítulos, na primeira parte, e em dez centúrias (dez coleções de cem sentenças), na segunda parte. Entre os capítulos da primeira parte, encontra-se o seu método de ensino "do meio", isto é, unindo a praticidade à gramática. No que diz respeito à praticidade, as sentenças deveriam pertencer ao universo de experiências do aprendiz. No que se refere à gramática, as sentenças deveriam ser gramaticalmente corretas. Dessa forma, acerditava que o aluno memorizaria as sentenças que, estando de acordo com a norma padrão-culto da língua portuguesa, espanhola e latina, diziam respeito ao seu cotidiano.

Finaliza a primeira parte, considerando que os mais bem dotados de memória conseguirão melhor se aplicar em sua obra, donde se observa que a memória é um fator importante para o aprendizado de línguas, segundo Amaro de Roboredo, e justificando que a divisão das sentenças em centúrias facilitaria a aprendizagem àqueles que desejassem elevar seu nível cultural e/ou aprender uma segunda língua. Na segunda parte, encontram-se questões gramaticais, instruções para se lerem as sentenças e centúrias.

Comprometido com a nobreza da época e com a ideologia do dominante sobre a do dominado, toma como temas para as sentenças aqueles que vão ao encontro da moral e dos bons costumes e, assim, define sentença: *derivada do verbo Sentio, significa tudo o que o entendiento sente. Porem a que pertence aos costumes he mais digna do nome.*

Os assuntos vários das sentenças, tratados de uma forma clara, constituem um "receituário" de boas maneiras, atitudes e comportamentos, devendo ser seguido pelos que desejarem estar em concordância com a língua portuguesa/ espanhola/latina e, conseqüentemente, entrosados com a nobreza hispanolusa Apresentam-se divididos de acordo com o conteúdo de cada uma das centúrias, por exemplo:

Centuria Primeira de Sentenças – Moraes – Da Virtude, e do Vicio em Commum

Centuria II – Da Prudencia, e Imprudencia.

A seleção das sentenças obedece a um critério para a sua composição das mesmas, constituídas de: 1. um nome e um verbo; 2. vários nomes e um verbo; 3. nomes, verbos e várias partículas, o que significa a construção, com os dois primeiros itens, de um período simples, e com o terceiro item, de um período composto.

Exemplificaremos com algumas sentenças:

O calár orna a mulher.
O glotão ou bébado dista pouco da sepultura.
Pede chorando ao Altissimo que cercêe os laços mundanos.

Como dissemos, as sentenças têm o objetivo de ensinar a escrever bem e de transmitir conceitos morais da nobreza da época. Por propor tal método inovador, para o ensino/aprendizagem de português do século XVII, método este ligado não mais às palavras isoladas, mas inseridas num contexto, no caso as sentenças, Amaro de Reboredo é considerado por nós como o gramático mais representativo do século XVII.

Porta de Línguas, selecionada para esta análise, compreende um Prefácio, uma Introdução intitulada "ao iuiz deste artificio", seguida de um Prólogo, e capítulos que *abrem portas para todas as linguas*, ordenados pelo seu autor, de acordo com a sua intencionalidade, que subjaz a todo processo discursivo.

No Prefácio, a imposição de domínio é ressaltada, pois inicia o texto tratando dos primeiros momentos da alfabetização dedicada aos meninos, com o objetivo de encaminhá-los às artes liberais, como convém aos fidalgos, àqueles que têm natureza e sangue dos mais nobres do reino, denotando sua posição de engajado (no reino) e reforçando seu respeito ao tecer elogios ao Rei e à nobreza.

Em seguida, a análise voltar-se-á para os textos iniciais da obra *Porta de Línguas*: a apresentação e as concessões de licença para sua publicação: a primeira foi escrita por um português pertencente ao clero, secretário do Arcebispo de Évora, mestre dos filhos de nobres, durante a primeira metade do século XVII, e as demais, por alguns outros indivíduos pertencentes também ao clero ou à nobreza que dão autorização para a publicação da obra.

> *Porta de Língua*
> *ou Modo Muito Accomodado para as entender publicado primeiro com a tradução Espanhola. Agora acrescentada a Portuguesa com numeros interlineais, pelos quaes possa entender sem mestre estas linguas o que não sabe, com as raizes da Latina mostradas em hum compendio do Calepino, ou por melhor do Tesauro, para os que querem aprender, e ensinar brevemente; e para os estrangeiros que desejão a Portuguesa e Espanhola.*
>
> *Autor Amaro de Roboredo Português*
>
> *Ao Ilustriss. D.D. Francisco Castelbranco Conde de Sabugál*
> *Meirinho môr nos reinos de Portugal, etc.*
> *Alcaide mor de Santarém, etc..*
>
> *Com licença dos superiores em Lisboa*
>
> *Da officina de Pedro Craesbeck impressor del Rei. Anno de 1623*
>
> *Vendese na rua nova na venda de Manoel da Silva*

A seguir, vem o *Julgamento Nacional* que a Comissão examinadora da obra faz para o supremo senado da Santa Inquisição, assinado por um nobre, Dom Vicentius, e por um religioso, Frei Andreas. Ambos concederam que se publicasse a obra (no ano de 1620):

> *Vista a informação podese imprimir esta obra, e depois de impressa torne para se conferir com o original e se dar licença para poder correr; e sem ella não correrá.*

Antonio Dias Cardoso   G. Pereira
Marcos Teixeira   Francisco de Gouvêa

Que possa imprimir este livro, vistas as licenças do Santo Officio e Ordinario em Lisboa. 11 de janeiro de 1623.
Gama   Inacio Ferreira   A. Cabral Dinis de Mello

Concorda perfeitamente com o original impresso que foi entregue e oferecido a mim em nosso mosteiro Diaconato.
8 de Abril de 1623.
                                                    D. Vicentius

Taxase este livro em cinquo tostões em papel. Em Lisboa a
7 de Abril de 623.
          V. Caldeira   Araujo

Para a análise, selecionou-se o primeiro recorte, primeiro parágrafo, que faz parte do título do livro e que nos leva à veiculada intenção de se ensinar.

Porta de Língua
ou Modo Muito Accomodado para as entender publicado primeiro com a tradução Espanhola. Agora acrescentada a Portuguesa com numeros interlineais, pelos quaes possa entender sem mestre estas linguas o que não sabe, com as raizes da Latina mostradas em hum compendio do Calepino, ou por melhor do Tesauro, para os que querem aprender, e ensinar brevemente; e para os estrangeiros que desejão a Portuguesa e Espanhola.

O sujeito/autor deixa-se perceber pelo seu compromisso social de fazer saber àqueles que ainda não possuem nenhum conhecimento e, ainda, pelo seu compromisso profissional com os demais mestres que poderão reduzir o período de tempo do processo ensino/aprendizagem, pois a brevidade de trabalho deverá ser conquistada com o uso desse novo método auxiliar na tarefa de *dominação lingüística*.

Revela, também, dentro do contexto histórico, a sua relação, já mencionada, com a Espanha, uma vez que temos, na época de produção da obra, Portugal sob o domínio espanhol. Trabalha, assim, com uma edição portuguesa, pois considera que os estrangeiros que se utilizarem do seu método para aprender português poderão também aprender o espanhol e o latim, assim como os portugueses poderão aprender e aperfeiçoar a própria língua e aprender as demais (latim e espanhol).

Neste momento, percebemos a presença do autor engajado com o poder, não podendo desconsiderar a língua daqueles que dominam a nação portuguesa na época da publicação, obrigando-se, assim, a dar a devida atenção a seus dominadores sem deixar de estar atento aos seus compatriotas que, em terras conquistadas, estariam ensinando, além do espanhol, o português para que este continuasse o domínio lingüístico em terras de além-mar.

É a presença do sujeito/autor caracterizado social e historicamente na obra, ocultando-se enquanto enunciador, através de um processo polifônico em que o enunciado registra sua submissão ao poder político e eclesiástico. Nessa representação polifônica e convergente do enunciador, encontra-se a já mencionada ligação com as raízes da língua latina, o que mostra a preocupação com o eruditismo do qual não se haviam desprendido nem a nobreza, nem o clero.

Em continuidade, há o oferecimento da obra, feito pelo sujeito/autor ao seu protetor, que detinha título nobiliárquico e cargos diversos.

Ao Ilustriss. D.D. Francisco Castelbranco Conde de Sabugál
Meirinho môr nos reinos de Portugal, etc.
Alcaide mor de Santarém, etc..

Com licença dos superiores em Lisboa

Mais uma vez, nota-se o sujeito/bajulador do mais nobre para conseguir a proteção de que necessita para ter a sua obra publicada em Portugal. A seguir, temos a citação da Editora, do ano de publicação e do local de venda, elementos indispensáveis em qualquer obra de qualquer época, que revelam o lado comercial do livro.

Pode-se destacar, neste momento, a relação entre mecanismos enunciativos e funcionamentos discursivos que revelam a existência da imposição do domínio envolvendo sujeito/autor, sujeitos/leitores e objeto/produto. O sujeito socialmente constituído como dominador, dono da voz de Portugal, revela-se no discurso manifestando a sua formação ideológica de cooptação à nobreza, que pode ser observada no texto organizado.

Neste segundo recorte, há outros sujeitos inseridos na obra, pois, neste momento, a voz do gramático não aparece. Os autores das licenças deixam claro o seu comprometimento com a corte, cumprindo o seu dever de examinar as obras que virão a ser publicadas somente com a obtenção do seu consentimento, situação adequada ao período tenso em que vivia a nação portuguesa.

Vista a informação podese imprimir esta obra, e depois de impressa torne para se conferir com o original e se dar licença para poder correr; e sem ella não correrá.
Antonio Dias Cardoso   G. Pereira
Marcos Teixeira   Francisco de Gouvêa

> Que possa imprimir este livro, vistas as licenças do Santo Officio e Ordinario em Lisboa. 11 de janeiro de 1623.
> Gama   Inacio Ferreira   A. Cabral Dinis de Mello
>
> Concorda perfeitamente com o original impresso que foi entregue e oferecido a mim em nosso mosteiro Diaconato.
> 8 de Abril de 1623.
> D. Vicentius

O engajamento dos enunciadores com os dominadores é sensível: temos um julgamento válido nacionalmente, realizado por vários indivíduos cooptados ao poder que enviam o laudo para a Santa Inquisição, zelando pela ordem, pela moral e pelos bons costumes.

A informação seguinte diz respeito à licença de impressão com a obrigatoriedade de conferência com o original logo depois de impressa para que pudesse ser distribuída. Observa-se aqui o mesmo mecanismo enunciativo relacionado ao funcionamento discursivo revelador da existência de sujeitos socialmente constituídos, manifestando nos seus discursos a sua formação ideológica dominante dirigida à imposição do domínio.

Há, em seguida, o retorno de um dos autores que realizara a conferência da obra impressa com os originais os quais havia analisado, e esse autor indicou a concordância, já decorridos três anos após a primeira leitura. Insere-se, portanto, em um momento histórico, com toda a coerção social que já foi apontada, e como enunciador assumindo a sua posição de controlador da sociedade, a partir das permissões ou proibições referentes às publicações que teriam livre circulação na corte e no clero.

Nesses mecanismos enunciativos dos sujeitos, observa-se a organização dessa apresentação construída para se atingir o objetivo de assegurar à nação portuguesa uma existência capaz de buscar a possível renovação da liberdade, com o fortalecimento da cultura, da economia e da sociedade como um todo, revelando-se a relação gramático/nobreza/clero em seu contexto histórico, político e social.

Convém mencionar, de passagem, a dedicatória em que se faz referência a D Francisco de Castelbranco, Conde de Sabugal, Meirinho-mor de Santarém; e, com a intenção de se envolver e envolvê-lo em seu discurso, prossegue dedicando a sua obra e desejando:

> ...muitas graças a V.S. a quem Deus guarde per muitos, e ditosos annos em sua divina graça com perfeita saúde e lhe dê sua eterna gloria. Lisboa. 12 de dezembro de 1622.
> Capellão de V.S.
Amaro de Roboredo

Em seguida, tem-se a Introdução, intitulada "Ao iuiz deste artificio", que se refere aos benefícios que se obtêm ao se aprender a gramática, pois todos aqueles que o fazem muito proveito tiram para si, no entendimento não só da própria língua como também de todas as línguas. É a atividade intencional do locutor, tentando resgatar o que havia sido abalado e levar o alocutário a assumir determinados comportamentos, como: querer saber, querer preservar, dever fazer.

Postas estão algumas razões que levaram Roboredo ao trabalho lingüístico, e que aqui se investigam, a saber:

– a primeira razão revela ser a presente obra um projeto ambicioso de Roboredo, por pretender que se adquirisse uma língua por meio da "copia de palavras", sem a necessidade de professor, ficando subentendida neste momento, a marca definitiva da importância de um texto como o seu. Outro ponto abordado – a aquisição de palavras latinas, portuguesas e espanholas – merece ser comentado, uma vez que se têm nessa observação os dois pressupostos de caráter político já apontados que nos levam a afirmar a relação gramática e ensino numa visão plurilíngüe (línguas Portuguesa e Espanhola no mesmo nível, separadas das demais latinas);

– a segunda razão revela Amaro de Roboredo, autorizado pelo poder, considerando-se experiente em termos de ensino, para criticar a tendência da escola que, segundo ele, encaminha as crianças à cópia de palavras isoladas de vários assuntos, o que significa uma grande perda de tempo com uma aprendizagem excessivamente lenta, e propõe, através de sua autoridade, que se estabeleçam novos critérios para que haja uma aprendizagem efetiva num menor espaço de tempo. Julga serem as sentenças, por ele compiladas, as necessárias para qualquer leitura ou produção dos diversos tipos de texto. Através do estudo da palavra isolada, o "ganho de palavras" é pequeno, isto é, o estudo da palavra fora do contexto não parece eficaz, enquanto o estudo das palavras agrupadas em sentenças com assuntos ligados ao aluno e pertinentes à época, torna-se eficiente, deixando o aluno apto a elaborar textos;

– a terceira razão, assentada na crítica aos gramáticos do século anterior que trabalhavam as palavras e não as frases constituídas por elas, apresenta Roboredo, locutor consciente de seu dever de legislador, na assertiva de que se deveria ensinar aquilo que fosse ligado à vida do estudante, que propiciasse a ele maior facilidade na leitura e na produção de sentenças, para que tal alocutário pudesse ajudar não só à preservação da língua materna, mas também à dominação por meio da língua;

– a quarta razão baseia-se na necessidade de se ensinar a língua materna com premência, pois o que se tinha era o ensino do Latim, como determinação nas escolas que preparavam para uma educação humanística, sendo as letras humanas – línguas e literaturas grega e latina – de grande importância. Em conseqüência disso, o ensino de língua portuguesa era deixado de lado, e Amaro de Roboredo faz a sua crítica a essa posição assumida pela escola, mostrando, intencionalmente, a objetividade dessa nova consciência, e argumenta, baseando-se certamente com propósitos políticos, na Espanha, onde o ensino do espanhol já acontecia nas escolas de Salamanca "per estatuto do anno de 1612";

– a quinta mostra que Roboredo, apesar de querer priorizar o Português, tem sua atenção voltada para a língua clássica, pela sua importância na formação das neolatinas; não se quer desvincular o ensino do Português do ensino do Latim, na medida em que, por meio do ensino daquele, chegar-se-á às raízes deste; no entanto, os meios para se atingir o fim são outros, pois o que se pressupõe, a priori, é que os portugueses devem querer dominar a sua língua, para depois partirem para o entendimento da Língua-Mãe, o que aconteceria ao longo dos anos, com lições contínuas e com a orientação dos mestres, que saberiam aproveitar as lições que houvesse nas <u>palavras</u>, composição e ortografia;

– a sexta apresenta as pessoas às quais a sua obra se destina: todas as que estiverem interessadas na Língua Portuguesa. Tanto àqueles que nada conhecem da língua, como os estrangeiros, quanto àqueles que, sendo falantes nativos, querem estudá-la a fim de se aperfeiçoarem na fala e na escrita, e ainda, àqueles que, sendo doutos, pretendem, vez por outra, recorrer a um livro para uma consulta;

– a sétima e última razão revela o desejo de Amaro de elaborar uma obra abrangente em vários aspectos: propriedade das palavras, diferença, composição, derivação, sintaxe. Esta última deve ser notada pois, nas obras do século anterior, quase nada a seu respeito era estudado ou citado, enquanto agora se cita o termo com a intenção de se fazer um estudo em que se encaixem também as relações das palavras na frase.

Neste momento da introdução, a voz do gramático se manifesta na preocupação existente no que diz respeito ao seu alocutário, que será o juiz de sua obra, ao qual ele se expõe para os julgamentos que sejam de peso, aqueles que poderão ter novos comportamentos diante se sua obra, aproveitando-a. No entanto, acautela-se contra os invejosos e ignorantes que, segundo ele, não saberiam julgar a sua obra, dirigida tão-somente aos sábios e aos nobres, pertencentes à fidalguia portuguesa:

> *Nem quisera que ignorantes, e apaixonados a julgassem: porque os primeiros sem cuidarem, e os segundos por seu particular proveito encontrarão o commum infamando trabalhos alheos, recebendo primeiro em si, ou juntamente a infamia de ignorante que*

querem imputar ao autor, ou de invejoso, ou de ambos juntos, pois o murmurador ambos os vícios agasalha

Ao terminar a introdução, vangloria-se de sua obra, julgando-a quase perfeita, tendo levado muitos anos para a sua conclusão; no entanto, sujeita-se novamente às críticas, e assegura que se poderá continuar a sua gramática se se pretender fazê-lo com seriedade e trabalho, investindo-se, assim, de honra e glória, o representante autorizado da nobreza.

Com relação ao prólogo da obra *Porta de Línguas* de Amaro de Roboredo (em anexo), enfocaremos as razões apresentadas pelo autor para publicá-la e os objetivos que pretendeu atingir, centrando-nos, primeiramente, no sujeito/autor que apresenta a sua obra e diz os objetivos dela, justificando a sua importância. Posiciona-se em primeira pessoa do plural, revelando a implicação que se teve com a sociedade da época pois objetivou imprimir a obra para o "comum proveito", uma vez que a mesma facilitará a aprendizagem de línguas. Nesse trecho, o enunciador constrói a perspectiva de se publicar a obra por ter sido dado, para isso, o aval dos elementos do poder com os quais o locutor se mostrou cooptado.

> *Movidos da grande esperança do comum proveito, determinamos dar á impressão esta obra; tal qual ella he, porqueclaramente tivemos para nos que nenhua, medicina havia tam saudavel, para sarar tantas feridas da dor em que acrescentaram as linguas estrangeiras, como a entrada por esta porta: o que das comodidades, que se lhes seguirão, será patente.*

Em seguida, ao enunciar que "comodidades" haverá na obra, inicia o elenco de outros que estarão se valendo da importância de seu trabalho. Entre o eu (locutor/legislador) e os outros (alocutários/interessados em cumprir as regras) há a criação de um texto comprometido com a questão da imposição do domínio na sociedade da época, marcada pela relação dominador (nobreza/clero) e dominado (povo), estando o locutor cooptado pelo dominador e preocupado em ajudar somente aos pertencentes à nobreza e ao clero.

A relação dinâmica criada entre identidade e alteridade do sujeito manifesta o texto no qual são apontados como alocutários: 1. os varões Apostólicos; 2. os confessores; 3. os de maioridade; 4. os estudiosos dos Evangelhos; 5. os Gramáticos e Retóricos; 6. os mestres; 7. os viajantes; 8. os embaixadores de Príncipes; 9. os criados honrados dos nobres; 10. os nobres de boa mente; 11. os interessados em estudar línguas; todos participantes das mesmas posições ideológicas.

A cada "outro" citado é atribuída uma necessidade para se estudar/aprender/aperfeiçoar a língua portuguesa, tida sempre como instrumento de domínio, quais sejam: 1. semear a fé através da aprendizagem das línguas bárbaras (isto é, *sê como o outro e conquista-o*); 2. conhecer os pensamentos dos estrangeiros; 3. saber a gramática para estar junto das Ordens Sagradas; 4. entender os Evangelhos; 5. ampliar o vocabulário em outras línguas; 6. ensinar com mais eficácia; 7. adquirir palavras de outras nações; 8. aprender línguas estrangeiras; 9. estudar sem ir à escola; 10. aperfeiçoar a fala; 11. aprender línguas nobres (Italiana, Castelhana, Germânica e Francesa).

> *Porque isto principalmente convirá aos varões Apostolicos, que nas terras dos Gentios se occupão em semear a Fê para aprender as barbaras, e peregrinas linguas: isto tambem será proveitoso aos confessores, para poderem conhecer os pensamentos do peito das gentes estrangeiras, principalmente naqueles lugares, que frequetão muito varões estrangeiros: isto ajudará efficazmente aos já de maior idade, que com fastio da Grammatica se apartão das Ordes Sagradas: isto deminuirá o enfadonho trabalho de revolver tantas vezes o vocabulário: isto socorrerá aos piadosos desejos daquelles q para entender sômente os Evãgelhos, e orações passavão algumas vezes os trabalhos meãos, mas os commus tam embaraçados nunqua: isto dará aos Grammaticos e Retoricos, mais abundante seára de palavrasem espacio de tres meses, que outro qualquer artefício em tres annos inteiros, principalmente nas linguas que não são vulgares, que são a Hebréa, Grega e Latina: isto será mui accõmodado aos mestres para mostrar logo com o dedo os fundamentos de todas as palavras, que a cada passo se oferecem, nos autores, porque mais palavras totalmente diversas se encerrão nos limites de tres folhas de papel, que em algum grande volume: isto será mui agradavel aos que fazem caminhos, os quaes podem certamente per esta ordem com brevissimo rodeio ajuntar abundancia de palavras daquella nação para a qual vão: isto recuperará as breves limitações de tempo aos occupados com varios negocios, como são embaixadores de Principes, para aprenderem a linguagem estrangeira: isto recompensará em parte aos criados honrados dos nobres a perda de não acudir ás Escolas publicas: isto aproveitará muito para forrar gastos aos que não soffrem bem gastar tantos annos nas letras humanas: isto tambem espertará para os estudos aos nobres, que de boa mente tomarão o trabalho meão, mas o comum, e enfadonho, mal, ou escassamente: servirá também a todos aquelles que por causa da necessidade, ou de honesta recreação deverão aprender as linguas mais necessarias, e mais nobres, como são a Italiana, Castelhana, Germanica, e Francesca, feita tambem compreensão de todas as palvras em sentenças.*

Tais necessidades são criadas a partir da determinação do sujeito falante marcada pelo ser inconsciente relacionado ao desejo – ser bem sucedido em seu empreendimento –, e pela ideologia relacionada ao poder – estar bem com a nobreza à qual ele serve e com o clero ao qual ele pertence.

Prosseguindo, a voz do gramático diz o que pode e deve ser dito nessa conjuntura histórica determinada: atribui ao seu discurso um sentido de menosprezo aos que cometem erros "ridículos" tornando-se deselegantes, portanto, indignos de seu grupo social, e aos que, ao utilizar a língua portuguesa, fazem-no com desleixo, repetindo palavras e tornando as *sentenças tam enxabidas e vãas.*

> *Daqui se pode facilmente tirar o principio de emendar os erros ridiculos, em que cada dia caem muitos na pronunciação, ortografia, e outras cousas, que pertencem á elegancia das linguas.*

Para exemplificar a importância de sua obra, o locutor se utiliza de experiências vividas por sujeitos que aprenderam línguas em contacto com o método proposto pelo sujeito-autor e que se manifestam admiradores da obra, tendo aprendido muito por meio dela.

> *Começouse a rir o Português, e tomando a folha nas mãos, nem ainda meia parte pode entender, sendo com tudo as palavras familiares. Então finalmente se maravilhava, e dificultosamente creia se possivel, o que ensinado por experiencia reconheceo. Nem causou menor admiração a todos seus amigos hum italiano, que apenas tinha passado o espaço de hum mes e isto nos dias de festa sômente, e nas horas baldadas colheo tam grande seara da lingua Ingresa em breve tempo, que escrevia cartas em Ingrês, e falava arrezoadamente, não tendo algua hora fallado com algum Inglês, tirado este. A estes se ajuntarom hum Irlandês, e hum Francês, o primeiro dos quaes vimos que interpretava de repente hũa carta de Cicero, que lhe foi preposta, decoradas, e explicadas estas sentenças, não tendo algua hora lido outro autor latino. Outro no Collegio de Padua da Companhia de Iesu trabalhando na lingua Italiana per espaço de dous annos, havendose de partir para a India deixou confirmado a todos com palavras mui efficazes referidas no capitulo nono, o que julgava deste artificio. Outras muitas cousas desta maneira passamos em silencio. Porque não duvidamos, que esta obrezinha ornada de tantas curiosidades a haja cada hum de louvar per propria, e não alhea experiencia. O que aqui se tratta no tocante a aprender linguas, como principalmente serve para as entender, não se ha de tomar de maneira, que imagine alguem que o novato ha logo e fallar, posto que para isto seja tambe de muita importancia*

Vários exemplos são citados pelo sujeito/autor, através dos quais o enunciador afirma e reafirma o valor incontestável de sua *obrezinha*. Relata, ainda, os casos de aprendizagem efetivada pela leitura da obra e exprime seu ponto de vista, sua posição em relação à mesma.

Ao fim do prólogo, o sujeito/autor se coloca seguro da eficácia da utilização do material publicado no que diz respeito ao ensino/aprendizagem de línguas pelo método proposto em seu texto, através da fala metafórica que compara o aprendizado de línguas ao conhecimento de animais: mais fácil conhecê-los a todos na Arca de Noé, onde havia dois exemplares de cada espécie, do que viajar o mundo para conhecê-los em seus habitats, assim como é mais fácil conhecer as línguas através do estudo das sentenças propostas pelo locutor em sua obra do que viajar os países para, *ouvindo, falando ou lendo,* conhecê-las.

> *Porque não duvidamos, que esta obrezinha ornada de tantas curiosidades a haja cada hum de louvar per propria, e não alhea experiencia. O que aqui se tratta no tocante a aprender linguas, como principalmente serve para as entender, não se ha de tomar de maneira, que imagine alguem que o novato ha logo e fallar, posto que para isto seja tambe de muita importancia. Porque assi como seria muito mais facil conhecer com a vista todos os animaes: visitando a arca de Noé, a qual continha de cada genero dous escolhidos, que andando todo o mundo atê que acaso alguem encontrasse algum animal de qualquer genero: assi da mesma maneira, muito mais facilmente se aprenderão os vocabulos com o uso destas sentenças, nas quaes se conteem os fundamentos de todos, do que ouvindo, fallando, ou lendo atê que acaso homem encontre tantas palavras.*

Concluindo, o autor Amaro de Roboredo, situado no século XVII, em Portugal, determinado pelo momento histórico em que viveu, revela-se no texto como protagonista do discurso, representando um lugar claramente delineado na estrutura de sua formação social (nobreza/clero), assumindo, através dos mecanismos enunciativos, posições diferentes no texto. Seus objetivos, enquanto enunciador: ensinar aos nobres, aperfeiçoar a língua portuguesa e preservá-la, mantendo-a como instrumento de poder e de domínio, estão expressos de maneira patente na voz do sujeito/autor: *semear a fé para aprender as barbaras, ..., conhecer os pensamentos do peito das gentes estrangeiras, ..., ajuntar abundancia de palavras, ..., aprender as linguas*, etc. Suas razões, da mesma forma, aparecem nos funcionamentos discursivos, através dos efeitos de sentido produzidos pelos mesmos mecanismos enunciativos: sujeito/autor que se apresenta no discurso como "nós" (nobreza/clero), construindo a perspectiva do domínio pelo proveito que se fará da obra, o que gerará a <u>perpetuação</u> do dominador no poder.

A vontade política revelada por Roboredo até agora demonstra o seu envolvimento com a nobreza em todos os aspectos referentes à necessidade da imposição do domínio e da perpetuação do poder através da língua e, principalmente, à afirmação da língua portuguesa num período de tanta interferência política de outra nação. Assim é que se tecem considerações acerca da comodidade que as pessoas terão quando, por meio da *Porta de Línguas*, conseguirem se comunicar com pessoas de outra nacionalidade, e enumera as vantagens de sua obra, criando no alocutário a obrigação que leva à necessidade.

O problema da dominação: – povo dominador (Portugal)/povo dominado (Portugal), preocupado com seus dominados (os de Além-mar)/seu dominador (Espanha) – fica pressuposto no discurso do gramático que objetiva, através da língua, poderoso instrumento de dominação, levar seus hábitos e costumes aos conquistados, e deixar a sua língua viva diante do espanhol.

Além do problema da dominação político-lingüística, aparece o problema do controle ideológico. Vivia-se a Inquisição de finalidade política que, por meio da confissão, seria um meio para se atingir a "verdade". A gramática seria um instrumento facilitador para que o confessor pudesse saber os pensamentos secretos dos fiéis; para tanto a necessidade de se fazer uma obra interessante para os estudantes que, segundo Roboredo, se afastavam das Ordens Sagradas em conseqüência do fastio gramatical.

Também o mestre é foco de comentário, pois o sujeito/autor, por um lado, prevê a possibilidade da aprendizegam sem mestre e, por outro lado, em havendo a presença do mestre, pretende facilitar o seu trabalho como novo método, que julga mais eficaz e menos cansativo e demorado, incluindo o ensino da segunda língua, uma vez que se "armazenaria" um grande número de palavras que serviriam para qualquer contacto com outra língua que não a sua, o que possibilitaria o aprendizado, por necessidade, da língua estrangeira, ou por satisfação em aprendê-la, alargando, dessa maneira, a visão de mundo do aprendiz.

Por fim, revela a preocupação com os intelectuais, isto é, gramáticos e retóricos, que poderiam fazer uso da obra no que tange ao uso do vocabulário mais diversificado, e, ainda, com o aperfeiçoamento dos nobres, dos que não podem perder muitos anos no processo ensino-aprendizagem, e dos que desejam usar a língua com perfeição, correção e elegância.

Assim retomando para concluir, pode-se mencionar, primeiramente, que em relação às grandes correntes do pensamento moderno: – empirismo e o racionalismo, as universidades e os defensores da autoridade da religião e da política em Portugal não aceitaram as mudanças por preconizarem não uma religião positiva, um direito concreto, uma moral religiosa, mas sim a religião natural, a moral natural que caracterizariam o rompimento com a tradição vigente, em que imperava a escolástica aristotélica.

Continuavam, então, os portugueses voltados para a valorização do conhecimento humano verdadeiro e próprio, limitado ao mundo do sensível, havendo, acima do sentido, o intelecto que atinge o inteligível – forma imanente às coisas materiais – e tem primazia sobre a vontade. Essa filosofia escolástica, no século XVII, era defendida pelos filósofos e teólogos da chamada escola conimbrense, sendo seus mais altos representantes os jesuítas que permaneceram fiéis à escolástica, glosando textos e comentários de Aristóteles e mantendo-se, assim, distantes do pensamento moderno vigente no restante da Europa, com a atenção fixada nos valores portugueses.

Em segundo lugar, em relação às questões sociais, pode-se reiterar que os portugueses, em estado de revolta, iniciaram uma rebelião para readquirir sua independência, pois, tendo razões para odiar os filipes, percebiam na mais completa degradação: comércio arruinado, colônias decadentes, marinha desfeita, alfândegas falidas, miséria nos lares e impudor na corte, enfim, o que levou Portugal a restabelecer sua independência com o reinado de D. João IV.

Em terceiro lugar, pode-se reafirmar que o povo português estava em completa ruína econômica, com conseqüente miséria social e total esfacelamento do exército e da marinha o que acirrou a cobiça dos demais países europeus frente a Portugal, que já vinha sofrendo as conseqüências da dominação espanhola, bem como os desmandos de governantes mal intencionados.

Finalmente, pode-se manifestar que, nesse conturbado momento histórico, em precariedade econômica e política, poucos gramáticos se arvoraram a escrever obras de sua língua materna e os que o fizeram copiaram o modelo latino, adequado à língua sintética, utilizando seu saber latinista e declinando, em português, nomes como: a rainha, da rainha, à rainha, ó rainha, etc... No entanto, deve-se salientar que, mantendo-se fiel à tradição de submeter-se a gramática portuguesa aos moldes da gramática latina, Roboredo critica os gramáticos do século anterior, no que se refere ao trabalho com as palavras isoladas e não com as frases constituídas por elas. Revela-se, pois, ciente de seu dever de ensinar aquilo que fosse ligado à vida do estudante, levando-o a ter maior facilidade na leitura e na produção de sentenças, colaborando não só com a preservação da língua materna, mas também com a dominação por meio das línguas: portuguesa, espanhola e latina.

ANEXO

PROLOGO E CAPITULOS QUE ABREM PORTA PARA TODAS AS LINGUAS ORDENADOS PELO INVENTOR

Movidos da grande esperança do comum proveito, determinamos dar á impressão esta obra; tal qual ella he, porqueclaramente tivemos para nos que nenhua, medicina havia tam saudavel, para sarar tantas feridas da dor em que acrescentaram as linguas estrangeiras, como a entrada por esta porta: o que das comodidades, que se lhes seguirão, será patente. Porque isto principalmente convirá aos varões Apostolicos, que nas terras dos Gentios se occupão em semear a Fé para aprender as barbaras, e peregrinas linguas: isto tambem será proveitoso aos confessores, para poderem conhecer os pensamentos do peito das gentes estrangeiras, principalmente naqueles lugares, que frequetão muito varões estrangeiros: isto ajudará efficazmente aos já de maior idade, que com fastio da Grammatica se apartão das Ordes Sagradas: isto deminuirá o enfadonho trabalho de revolver tantas vezes o vocabulário: isto socorrerá aos piadosos desejos daquelles q para entender sômente os Evāgelhos, e orações passavão algumas vezes os trabalhos meãos, mas os commus tam embaraçados nunqua: isto dará aos Grammaticos e Retoricos, mais abundante seára de palavrasem espacio de tres meses, que outro qualquer arteficio em tres annos inteiros, principalmente nas linguas que não são vulgares, que são a Hebréa, Grega e Latina: isto será mui accōmodado aos mestres para mostrar logo com o dedo os fundamentos de todas as palavras, que a cada passo se oferecem, nos autores, porque mais palavras totalmente diversas se encerrão nos limites de tres folhas de papel, que em algum grande volume: isto será mui agradavel aos que fazem caminhos, os quaes podem certamente per esta ordem com brevissimo rodeio ajuntar abundancia de palavras daquella nação para a qual vão: isto recuperará as breves limitações de tempo aos occupados com varios negocios, como são embaixadores de Principes, para aprenderem a linguagem estrangeira: isto recompensará em parte aos criados honrados dos nobres a perda de não acudir ás Escolas publicas: isto aproveitará muito para forrar gastos aos que não soffrem bem gastar tantos annos nas letras humanas: isto tambem espertará para os estudos aos nobres, que de boa mente tomarão o trabalho meão, mas o comum, e enfadonho, mal, ou escassamente: servirá também a todos aquelles que por causa da necessidade, ou de honesta recreação deverão aprender as linguas mais necessarias, e mais nobres, como são a Italiana, Castelhana, Germanica, e Francesca, feita tambem compreensão de todas as palavras em sentenças. Daqui se pode facilmente tirar o principio de emendar os erros ridiculos, em que cada dia caem muitos na pronunciação, ortografia, e outras cousas, que pertencem á elegancia das linguas. He tambem dino de se notar que ha muitos autores, que ajuntarom sentenças moraes, e procurarom imprimilas sem pretenderem outra algua cousa. Podem os que reduzirom á ordem as sentenças moraes deste artificio, (ainda que tam atados, que nenhua palavra se posesse duas vezes, nem se repetissem dous nomes, que com algum vinculo de parentesco fossem travadas em tanta, e tam copiosa variedade de sentenças) as publicarom proveitosas, e agradáveis. Quantos ha dos dittos autores, entre os quaes muitas vezes se repetem sentenças tam enxabidas e vãas, que com razão se pode duvidar, se respeitarom antes o proveito dos mercadores de livros que o dos lettores, atroco de amontoar, como dizem, em hum lugar hua maquina tosca e mal ordenada! Estas cousas constarão ao diante per experiencia as quaes já agora de algua maneira constão. Porque certo Português, que tinha feito excellentes progressos na lingua Ingresa em dous annos, que se deteve naquellas partes, encontrandose com hum homem, que tinha hus pedaços imperfeitos destes artificios, e sabendo bem ambos a lingua Ingresa e fallandoa entre si perguntou hum ao outro, se lhe parecia que tinha o Português aproveitado muito? Antes, diz elle, muitissimo: porque fallo excellentemente; e entendo o que fallão. E eu, diz o outro tirando do seio hua folha de papel, esta folhinha te contraporei somente; porque está chêa de mais palavras (das quaes escassamente entendas a metade) do que tu com grande trabalho e estudo tes alcançado em dous annos. Começouse a rir o Português, e tomando a folha nas mãos, nem ainda meia parte pode entender, sendo com tudo as palavras familiares. Então finalmente se maravilhava, e dificultosamente creia se possivel, o que ensinado por experiencia reconheceo. Nem causou menor admiração a todos seus amigos hum italiano, que apenas tinha passado o espaço de hum mes e isto nos dias de festa sômente, e nas horas baldadas colheo tam grande seara da lingua Ingresa em breve tempo, que escrevia cartas em Ingrês, e falava arrezoadamente, não tendo algua hora fallado com algum Ingrês, tirado este. A estes se ajuntarom hum Irlandês, e hum Francês, o primeiro dos quaes vimos que interpretava de repente hua carta de Cicero, que lhe foi preposta, decoradas, e explicadas estas sentenças, não tendo algua hora lido outro autor latino. Outro no Collegio de Padua da Companhia de Iesu trabalhando na lingua Italiana per espaço de dous annos, havendose de partir para a India deixou confirmado a todos com palavras mui efficazes referidas no capitulo nono, o que julgava deste artificio. Outras muitas cousas desta maneira passamos em silencio. Porque não duvidamos, que esta obrezinha ornada de tantas curiosidades a haja cada hum de louvar per propria, e não alhea experiencia. O que aqui se tratta no tocante a aprender linguas, como principalmente serve para as entender, não se ha de tomar de maneira, que imagine alguem que o novato ha logo e fallar, posto que para isto seja tambe de muita importancia. Porque assi como seria muito mais facil conhecer com a vista todos os animaes: visitando a arca de Noé, a qual continha de cada genero dous escolhidos, que andando todo o mundo atê que acaso alguem encontrasse algum animal de qualquer genero: assi da mesma maneira, muito mais facilmente se aprenderão os vocabulos com o uso destas sentenças, nas quaes se conteem os fundamentos de todos, do que ouvindo, fallando, ou lendo atê que acaso homem encontre tantas palavras.

A *Arte da Grammatica da Lingua Portugueza*, de Reis Lobato, e sua contribuição para o ensino do Português no Brasil do século XVIII

MARILENA ZANON
ROSEMEIRE LEÃO DA SILVA FACCINA

> "Reis Lobato foi em gramática um instrumento do Marquês de Pombal".
> *José Leite de Vasconcelos*

Pretendemos, neste capítulo, tratar de questões sobre o ensino de Língua Portuguesa, numa perspectiva historiográfica, em Portugal e no Brasil, no século XVIII, conhecido historicamente como o século das "Luzes". Para tanto, iniciaremos abordando alguns aspectos sobre a Europa setecentista, estabelecendo uma relação entre o contexto sócio-econômico-cultural e a produção da obra gramatical de António José dos Reis Lobato – *Arte da Grammatica da Língua Portugueza* – de 1770, mostrando sua importância para sua época, tanto pela tradição que manteve quanto pelas mudanças que apresentou. Adotada, primeiramente, em Portugal, no Curso de Humanidades e, posteriormente, nas colônias, a obra de Reis Lobato visava ao ensino da Língua Portuguesa, medida que se torna obrigatória, após a expulsão dos Missionários da Companhia de Jesus, em 1759.

Na primeira metade do século XVIII, continua vigente o "Antigo Regime", caracterizado pelo absolutismo e mercantilismo, cuja sociedade é constituída pelo Clero, Nobreza e Terceiro Estado, A força da religião é imensa e vem sendo usada para justificar a forma de governo, que contribui para manter o predomínio dos senhores feudais – nobreza e clero – e constitui obstáculos ao desenvolvimento de outras classes, como a burguesia. Cerca de 95% de todo solo da península Ibérica pertence aos nobres e ao clero, mas muito mais à nobreza.

Ainda que inúmeros burgueses pudessem obter privilégios junto ao Estado, a burguesia, unida, precisava modificar os Estados Nacionais em todos os segmentos da sociedade. Era necessário conceber-se uma nova forma de governo em que os burgueses tivessem participação política, tanto na condução dos negócios internos, como externos. Era preciso pensar novas leis que atendessem aos interesses dessa classe, quer na economia, quer no plano político-jurídico. Havia a necessidade de se imaginar um novo sistema econômico, com mecanismos capazes de proporcionar lucros crescentes aos empresários da burguesia. Fazia-se também necessária uma mudança em outros segmentos da sociedade, como por exemplo, no educacional.

A doutrina que vai influenciar o pensamento do homem do século setecentista é o *Iluminismo*, movimento cultural-filosófico-ideológico que critica a sociedade, o governo, a economia, a educação e a religião. O mercantilismo, os monopólios, a desigualdade social, o absolutismo e a proibição do livre pensamento são duramente combatidos pelos Iluministas. São considerados os modelos mais explícitos do novo tipo de intelectual. Usam a pena como arma, para atacar preconceitos e privilégios, para denunciar intolerâncias e injustiças, mas, ao mesmo tempo, delineiam um novo panorama do saber reformulado sobre bases empíricas e científicas e que se torna fundamental para a sociedade da época.

Os intelectuais do Iluminismo – de várias origens – acreditam que somente por meio da *razão* é que os problemas são amenizados. Para formação dessa corrente filosófica, concorrem fatores diversos, assim como, na sua adoção, acham-se países diferentes e pensadores de posicionamentos distintos. Em graus variados, o Iluminismo teve representantes como *Turgot*, defensor do "Laissez-faire, laissez-passer, le monde va de lui même": "deixai fazer, deixai passar, o mundo anda por si mesmo"; *Quesnay*, defende que a terra e a indústria são as fontes principais do progresso de uma nação; *Diderot* e *D'Alembert*, produzem a "Enciclopédia", gigantesca obra com os conhecimentos humanos, que iria divulgar as idéias do "Século das Luzes". Esses, são alguns dos nomes, dentre vários outros, que fazem parte do período setecentista.

Em Portugal, a estrutura da sociedade, sobretudo na primeira metade do século XVIII, a exemplo de outros países da Europa. é baseada também no Antigo Regime, isto é, Clero, Nobreza e Terceiro Estado: "*(...) a condição das pessoas distinguia-se pelas formas de tratamento, vestuário e estatuto diferente diante do Físco e da Justiça*" (Fávero: 1996, 57)". O clero representa, fundamentalmente, o poder econômico, o controle, a força, a organização, inclusive do sistema educacional, e a justiça – direito canônico – em constante evolução e crescimento, alimentado, principalmente, pela apropriação de cerca de 1/3 da renda nacional, a título de dízimos, doações e domínios sobre propriedades. D. João V, o "Magnânimo", reina de 1706 a 1750, período em que se assinala o apogeu do absolutismo.

O Terceiro Estado caracteriza-se pela burguesia, composta pelo funcionalismo, cada vez mais numeroso, a ponto de, no decorrer do século, tornar-se um grupo praticamente autônomo de comerciantes, artesãos e oficiais mecânicos, além de outros trabalhadores de oficinas, comércio e serviços domésticos. Complementarmente, compunham esse quadro, as minorias – desempregados, mendigos, ciganos, escravos, dentre outros. Vale lembrar que, em Portugal, o burguês não possuía, no século XVIII, nem a força nem o prestígio que adquirira na Europa contemporânea. Falcon (apud Fávero 1996: 59) descreve Portugal do século XVIII, da seguinte forma:

Ancoradouro de nobres e eclesiásticos absenteístas, refúgio dos camponeses miseráveis, abrigo e campo de ação dos marginais, a cidade é o lugar de eleições de uma burguesia mercantil, no mais das vezes escassa numericamente e sem recursos econômicos e financeiros consideráveis. O pequeno comerciante e o mestre artesão aí dominam, lado a lado de funcionários do aparelho burocrático central ou local e de um grupo reduzido de profissionais liberais.

No que concerne ao processo de industrialização, percebe-se que está sufocado em Portugal e seu mercado interno inundado pelas manufaturas inglesas. Dessa maneira, enquanto uma metrópole entra em decadência – Portugal – outra está em ascensão (Inglaterra). De acordo com Basbaum (1957: 48-9), *"(...) como nação, continuava Portugal um país pobre, sem capitais, quase despovoado, com uma lavoura decadente pela falta de braços que a trabalhassem, pelas relações de caráter feudal ainda existentes, dirigido por um Rei absoluto, uma nobreza arruinada(...)"*

Dentro de um contexto histórico iluminista, as críticas com relação ao ensino administrado pelos jesuítas eram muitas e não tinha mais sentido ligar a educação à religião, como faziam as escolas confessionais, nem aos interesses de uma classe, como queria a aristocracia. A escola deveria ser isenta e livre, independentemente de privilégios de classe.

Algumas sugestões começam a ser apresentadas para modificação do ensino, no *Século das Luzes*: passar o ensino para a responsabilidade do Estado; obrigatoriedade e gratuidade do ensino elementar; ênfase nas línguas vernáculas, em detrimento do latim; orientação concreta e prática, voltada para o estudo das ciências, técnicas e ofícios. Nem todas as propostas são aceitas. O que se observa é a dual implantação do sistema, ou seja, a prescrição de um tipo de escola para o povo e outro para a burguesia.

Nesse clima surgem duas obras de autores portugueses, utilizadas no Curso dos "Estudos Inferiores": 1ª) a de Manuel de Alexandre de Figueiredo (1722) *Nova Escola para aprender a ler, escrever e contar*, dividida em quatro Classes ou Tratados, cuja primeira parte era voltada a ler o idioma português; a segunda, dedicada à Caligrafia; a terceira, continha a Ortografia Portuguesa e na quarta, ensinava-se Aritmética; 2ª) e a de Martinho de Mendonça Pina e Proença, *Apontamentos para a educação de um menino nobre*, de 1734.

O declínio da influência da Companhia de Jesus, no ensino, começa a desenhar-se com nitidez. O grande inimigo é um único homem que, isoladamente, lança um desafio à Companhia de Jesus, com as armas que possuía que eram a sua vasta cultura e o seu "ódio ideológico" à instituição de Santo Inácio. Esse homem é Luís António Verney. De origem francesa, nasce em Lisboa em julho de 1713. É instruído nas primeiras letras em latim pelo capelão da casa paterna e, aos seis anos, lê e escreve bem, só de ouvir lições dadas aos irmãos mais velhos. Os pais matriculam-no no Colégio de Santo Antão, dos jesuítas, no Curso dos "Estudos Inferiores", onde estuda três anos gramática latina, pela *Arte* de Manuel Álvares, dois anos de latininidade e dois, de retórica. A seu respeito, dizem ter sido muito precoce, intelectualmente, e que teria angariado admiração por sua capacidade escolar na época.

A obra de Verney surge doze anos após o aparecimento do livro de Pina e Proença: o *Verdadeiro Método de Estudar*, (1746). Embora testemunhando a mais alta admiração pela companhia de Jesus, cujo papel positivo na história do ensino salientava, Verney marca o seu distanciamento em relação a vários aspectos da sua atividade pedagógica. Com a finalidade de propagar a instrução elementar ao alcance de todas as classes sociais, pelo menos nas zonas urbanas, Verney preconiza que "em cada rua grande, ou ao menos bairro", houvesse uma escola "do Público", com o objetivo de que "todos os pobres pudessem mandar lá os seus filhos". Considera primordial e urgente uma reforma dos métodos pedagógicos, dos compêndios, dos programas, da preparação dos mestres, sem o que se tornaria inútil qualquer projeto de melhoria de Portugal no âmbito europeu.

Verney entende que as crianças só deveriam começar a aprender a ler, a escrever e a contar aos sete anos de idade. Antes disso, apenas aprenderiam os elementos da fé, a obediência a quem fosse devida, as regras de cortesia, o respeito pelos mais velhos, tudo ministrado com boas palavras, sem castigos rigorosos. Depois desse aprendizado elementar, as crianças iriam para o ambiente escolar aprender, primeiramente, a gramática portuguesa e, depois, o latim.

Ao propor um programa de estudos diferente do então vigente em Portugal, o *Verdadeiro Método de Estudar* causa grande polêmica quanto ao **que** e **como** ensinar às crianças. Várias críticas surgem a respeito dessa obra. Controvérsias à parte, Verney exerce de fato importante influência nos "Estudos Menores", que representa a organização primária de ensino. Segundo Silva Neto (1952: 571), *"Verney pode ser considerado como um erudito de grande mérito, ao lado de Rafael Bluteau e Joaquim de Santa Rosa do Viterbo".*

Vale ressaltar, no que respeita à vida escolar, é ainda na primeira metade do século XVIII que a Companhia de Jesus se defronta com a concorrência de outra Ordem religiosa, a da Congregação do Oratório, cujos mestres, mais modernos, começam a ganhar espaço na vida cultural portuguesa e D. João V dá-lhes total cobertura. Com a prolongada doença do monarca, que o desvia dos negócios públicos por quase uma década, a situação do país, em todos os seus segmentos, em muito se agrava.

Já na segunda metade do século XVIII inicia-se com reinado de D. José I, o reformador. Portugal encontra-se em grave crise econômica. É um país atrasado em relação às duas grandes potências européias, França e Inglaterra Algumas idéias formadas pelo Iluminismo vindas dos países vizinhos chegam aos ouvidos do rei (Antigo Regime), que percebe que algo deve ser feito para modernizar seu reino, mas não pode ser qualquer idéia senão ela poderá enfraquecer o Regime Absoluto, totalmente dominado pela monarquia. D. José busca pessoas "mais inteligentes" para assessorá-lo, cria um gabinete ministerial com nomes que lhe parecem capazes de reagir ao estilo do governo anterior. É chamado para desempenhar funções políticas o diplomata *Sebastião José de Carvalho e Melo*, conhecido, posteriormente, como *Marquês de Pombal*, que durante 27 anos comanda a política e a economia portuguesa.

Na década de 1750, ocorrem iniciativas importantes em diferentes segmentos do País: umas, resultantes de planejamento, outras, de novos acontecimentos. Pombal aventura-se em um plano ambicioso para restabelecer o controle nacional sobre todas as riquezas que vinham para Lisboa, provenientes das Colônias. Para Maxwell (1997: 66),

> *do ponto de vista português, a política de Pombal era lógica e prática, nos termos da relação econômica anglo-portuguesa. A balança comercial podia ter sido sempre desfavorável para Portugal, mas era, em sua base, uma troca de bens manufaturados por matéria bruta portuguesa e vinho e, portanto, apesar de unilateral, mutuamente benéfica.*

Do ponto de vista político, o regime pombalino representa o apogeu do absolutismo. Concebe um abrangente plano para recuperar o controle sobre todos os bens trazidos a Lisboa oriundos de suas colônias. Esse período caracteriza-se pela proteção de companhias que controlam todos os ramos mais vantajosos do comércio ultramarino. O agravamento da crise econômica, desde 1760, provoca o deslocamento de parte do grande capital dessas companhias para monopólios, com sanção e co-participação do Estado. Após a tentativa de assassinato de D. José, Marquês de Pombal publica, em janeiro de 1759, a sentença de expulsão dos jesuítas de todo o território português, por crime de lesa-majestade, com o confisco de todos os seus bens. Nessa altura, Pombal já no seu nono ano de governo, não demonstra qualquer interesse pelas questões de ensino.

Em meio a esses conflitos, ocorre um terremoto de grandes proporções, seguido de um maremoto e de um incêndio de vários dias, destruindo Lisboa, em 1755, reduzindo a cinzas uma das mais ricas cidades da época. Aproximadamente, um terço foi totalmente destruído. Após a catástrofe, aumenta, sobremaneira, a autoridade do Marquês de Pombal, que se serve da crise para alçar um poder virtualmente ilimitado, procedendo à reconstrução radical de Lisboa, passando a ser, nas décadas seguintes, figura-chave do Iluminismo português. Sua ação imediata, efetiva e radical contribui significativamente para estabilizar a situação.

Para Maxwell, é quase impossível separar Portugal do século XVIII da figura dominadora do Marquês de Pombal. Para alguns, ele é uma grande figura do despotismo esclarecido, comparável à Catarina II da Rússia, a Frederico II da Prússia e a José II da monarquia austríaca. Para outros, ele não passa de um filósofo inexperiente e um tirano maduro. É indiscutível e evidente a diferença de imagem que os europeus em geral, e os portugueses, em particular, têm de Portugal do século XVIII. Esse país é visto como a personificação do Iluminismo, especialmente a partir da década de 1760. Os próprios historiadores portugueses admitem que, no século XVIII, o regime de governo, em Portugal, era totalitário.

Com relação aos aspectos educacionais em Portugal, a prática escolar desenvolvida na Metrópole e suas colônias, a partir do século XVI, baseava-se nas regras codificadas na *Ratio atque Institutio Studiorum Societatis Lesu*, que significava *Organização e Plano de Estudos*, publicada em 1599 pelo padre Aquaviva. Tratava-se de um documento básico que estabelecia todos os princípios sobre os quais se deveria orientar e assentar a organização primária e secundária dos colégios e seminários. Esse documento determinava as diretrizes da educação jesuítica, nas quais todas as atividades curriculares e extracurriculares deveriam ser realizadas em Latim. Continha também regras práticas sobre a ação pedagógica, a organização administrativa e outros assuntos. Desde essa época e até antes, o ensino, em Portugal, e nas colônias serve aos interesses da nação lusitana: é para poucos e os programas conservam características impositivas.

Quando o trabalho educacional dos jesuítas atinge sua máxima expansão, cresce, na Europa, a campanha contra a Companhia de Jesus, que acaba tendo a sua extinção decretada pelo Papa Clemente XIV. A educação brasileira é marcada pelo ensino dos jesuítas, até sua expulsão em 1759 e o desmantelamento da estrutura educacional montada por esses padres da Companhia de Jesus é prejudicial para o Brasil, pois não há, de imediato, a substituição por outra organização escolar. A expulsão dos jesuítas do Brasil provoca a desorganização do sistema de ensino da Colônia, que os padres jesuítas praticamente monopolizavam, por meio de seus colégios e das aulas de ler, escrever e contar. Segundo Fausto (2001: 111)

> *essa medida pode ser compreendida no quadro dos objetivos de centralizar a administração portuguesa e impedir áreas de atuação autônoma por ordens religiosas cujos fins eram diversos dos da Coroa. Os jesuítas eram acusados de formar um Estado dentro do Estado."*

Para substituir o ensino ministrado pelos jesuítas são criadas as "Aulas Régias" (Alvará de 1759) visando a preencher *"o vazio deixado pela expulsão dos jesuítas"* (Magaldi, Alves, Gondra, 2000: 100), cujo sistema deve ser implantado tanto na Metrópole como em suas colônias. Esse sistema educacional é sustentado por um novo tributo, o "subsídio literário" e aulas de português sejam ministradas, em detrimento do latim, uma maneira de se afirmar a dominação lusitana.

O governo português só inicia a reconstrução do ensino no Brasil 13 anos mais tarde. Para Aranha (1989: 165) *"isso significou um retrocesso em todo o sistema cultural brasileiro".* Portugal não está interessado em investir no sistema educacional. O que a metrópole quer é receber ouro, prata, brilhante e produtos naturais provindos do Brasil. Moreira de Azevedo (1944: p.312) conclui que, apesar do esforço que representam as medidas impostas por D. José I, no final do século XVIII era:

> *deplorável (...) a instrução pública no Brasil. A política despótica de Portugal não tolerava que houvesse tipografia alguma em sua colônia da América, de sorte que o povo achava-se no mesmo estado como se nunca houvera inventado a imprensa. Raros eram os livros que circulavam, e não havia o menor gosto pela leitura. As escolas eram muito poucas e mal dirigidas; havia diminuta freqüência de alunos e geralmente as mulheres não aprendiam a ler".*

Cinco meses após a determinação da expulsão da Companhia de Jesus, Pombal publica um Alvará, em 28-6-1759, que constitui a primeira providência no sentido de dar uma solução à situação crítica escolar em que o país se encontrava. Acaba com todas as classes e Escolas, repudia abertamente o método de ensino jesuítico e, conseqüentemente, os livros utilizados pela Companhia. Cria-se uma rede de *Aulas Régias*, em Portugal extensiva às colônias. Segundo

Carvalho (1978), *"é muito difícil precisar até que ponto e em que escala se fez sentir a reforma de 1759 no Brasil"* É, nesse momento, criado o cargo de Diretor Geral dos Estudos, e nomeado D. Tomás de Almeida, cuja primeira e urgente tarefa é a de conseguir professores para as classes então criadas em todo o país. A ele caberia a obrigação de vigiar, averiguar e controlar o progresso dos estudos, apresentar relatório anual da situação do ensino e propor o que lhe parecesse conveniente para o bom andamento do ensino. Com esse caos, em Portugal, podemos pressupor que não há grande preocupação ou nenhuma em relação à educação brasileira. Os interesses eram outros. É oportuna a citação de Moreira de Azevedo (apud Magaldi, Alves, Gondra, 2000: 101) que, reforçando a opinião acima citada, afirma:

> *Portugal só queria que o Brasil produzisse ouro, prata e brilhantes e produtos naturais. Embaraçava o comércio, não atendia à indústria, mandava destruir os teares da Capitania de Minas Gerais (...). Se matava a indústria não procurava também despertar a atividade intelectual".*

É de se entender, por fim, que a expulsão dos jesuítas abriu um enorme vazio no já tão empobrecido ensino brasileiro. Percebe-se, ainda que, ao contrário dos colonizadores espanhóis da América Latina, a Coroa Portuguesa temia a centralização, na Colônia, de uma elite letrada e a expulsão da Ordem da Companhia de Jesus foi, também, uma medida política.

Na década de 1770, D. José I, senhor de todo o poder, trata do progresso do país. Reforma a Universidade de Coimbra, reorganiza a instrução pública, a Junta de Providência Literária para dar pareceres sobre o estado das Artes e Ciências, institui o subsídio Literário, retira os poderes de Exame prévio à Inquisição, cria a Real Mesa Censória da qual passa a depender o ensino, cria a Aula do Comércio, o Colégio dos Nobres, a Imprensa Régia e o Erário Régio. É nesse momento que surge a reforma de dois importantes graus de ensino, os Estudos Menores e os Estudos Superiores. A então *Real Mesa Censória*, estrutura educacional que substitui o Diretor de Estudos, propõe um plano de Escolas Menores estendido ao Continente, Ilhas e domínios na África, Ásia e América (Brasil), com indicação de todos os lugares onde funcionariam as novas diretrizes educacionais e o número de mestres de ler e de professores de Latim, Grego, Retórica e Filosofia.

Sobre a educação, pouco se pode acrescentar. A preocupação primordial da metrópole é descobrir jazidas de ouro, principalmente, nos atuais estados de Minas Gerais, Goiás e Mato Grosso, na época, regiões inóspitas, pouco conhecidas e de difícil acesso, que atraem portugueses e aventureiros de todas as partes do país. O centro econômico desloca-se para o sul de Minas Gerais, onde é criada a Intendência (administração), com o objetivo de fiscalizar a atividade mineradora. Com o chamado ciclo minerador, os luso-brasileiros abandonam sua ocupação e se transferem para os sertões do Brasil Central, na esperança de ganhar dinheiro.

Até meados dos séculos XVIII, quase toda a Amazônia pertence à Espanha. Nesse longo período, permaneceu desconhecida, visitada apenas por missionários e aventureiros. Tanto os portugueses, como os espanhóis, exploram as chamadas "drogas do sertão" – madeiras, resinas, ervas e condimentos – que não chegam a ter importância econômica significativa. Isso explica, em parte, a relativa facilidade com que a Espanha cede toda a imensa área a Portugal nas negociações do Tratado de Madri (1750), que reconhece a presença luso-brasileira na maioria dos territórios brasileiros desbravados e em fase de ocupação. Salienta-se, ainda, que, na Amazônia, uma outra ordem religiosa, de menor importância, foi expulsa: a dos mercedários que tiveram, também, suas propriedades confiscadas.

Nas regiões Norte e Centro-Oeste brasileiras, não há grandes dificuldades em acertar limites, em decorrência do pequeno interesse espanhol nessas regiões. No Sul, a negociação é conturbada. A Espanha exige o controle do Rio da Prata, por sua importância econômica e estratégica e aceita a Colônia do Sacramento em troca da manutenção da fronteira brasileira no atual Rio Grande do Sul. Como conseqüência, os jesuítas espanhóis e os índios guaranis de Sete Povos das Missões são forçados a se transferir para o outro lado do Rio Uruguai. Os Guaranis de Sete Povos das Missões se recusam a deixar suas terras no território do Rio Grande do Sul e tem início a Guerra Guaranítica. Os Sete Povos das Missões foram dominados em 1756. Como se pode observar, os interesses em relação ao Brasil são primordialmente materiais, no século XVIII.

Como já foi abordado anteriormente, as decisões tomadas por Pombal, em Portugal, com relação aos religiosos da Companhia de Jesus, afetam também o Brasil. Sua alegação é de que a companhia se tornara quase tão poderosa quanto o Estado, ocupando funções e atribuições, mais políticas que religiosas. Setores da própria Igreja admitem que os jesuítas dão excessiva proteção aos nativos. Também no ano de 1759, o sistema de capitanias hereditárias, que vigora no Brasil desde o século XVI, é extinto por Pombal. As capitanias que ainda não haviam voltado para as mãos da Coroa portuguesa são compradas ou confiscadas. Pombal transfere a sede do governo geral para o Rio de Janeiro e um dos fatores que contribuem para essa decisão é a necessidade de ter o centro administrativo mais próximo das regiões de mineração em virtude dos conflitos freqüentes com os vizinhos espanhóis, nas regiões Oeste e Sul.

Com a extinção das capitanias hereditárias, o Marquês de Pombal funda a Companhia Geral do Comércio do Grão-Pará e do Maranhão e a Companhia

Geral do Comércio de Pernambuco e Paraíba, sob a responsabilidade de seu irmão Mendonça Furtado, para reforçar a atividade agro-exportadora e extrativista do Norte e Nordeste, um pouco abandonada em razão da mineração de ouro e diamante, em Minas Gerais. Com a experiência prática das condições da fronteira do Brasil e seu envolvimento nos assuntos da Companhia Geral do Grão-Pará e do Maranhão, Mendonça Furtado fica encarregado absoluto dos domínios ultramarinos.

Ao longo do século XVIII, cerca de 430 mil paulistas, cariocas, baianos, portugueses, índios e negros da Guiné ou de Angola percorrem as trilhas escabrosas que separavam o litoral do Sudeste do Brasil das serras da fortuna e da danação. *"(...) Todos os vícios tiveram morada na região de minas. Todas as paixões desencadearam-se ali; ali se cometeram todos os crimes"*, escreveu o viajante francês Auguste de Saint-Hilaire, para quem os que lá estavam eram "a escória do Brasil e de Portugal". Em Minas Gerais, mata-se por tudo e por nada. Lá, trava-se a terrível Guerra dos Emboabas (1708), conflito entre mineradores paulistas e sertanejos com forasteiros portugueses e brasileiros chamados de emboabas. Em Minas Gerais, mais tarde, quando o ouro ainda é muito extraído, descobre-se diamante e o ciclo reinicia-se, tão alucinado e voraz quanto antes.

Para Maxwell (1997:19), *"no Brasil, pode-se dizer que houve uma reforma completa da estrutura administrativa: a criação de companhias por ações e a criminalização da discriminação contra o ameríndios na América portuguesa"*. Por essa síntese a respeito do Brasil, observamos que a política colonial recebeu atenção especial no governo de Pombal, por interesses e objetivos citados anteriormente e por ser o Brasil a Colônia que mais deu lucro à Portugal, nessa época. Segundo Maxwell,

> *a grande glória de Portugal, no presente, está centrada na sua muito extensa e imensamente rica colônia, o Brasil, na América do Sul; por esse motivo ela possui vastos tesouros em ouro e diamantes, além de imensas quantidades de excelente açúcar, couros, drogas, tabaco, fina madeira vermelha etc.* (Anderson A. apud Maxwell, 1997: 38)".

Como se observa, num contexto social com tais características, a instrução e a educação escolarizada só podiam ser convenientes e interessar à pequena nobreza e seus descendentes que, segundo o modelo de colonização adotado, deveria servir de articulação entre os interesses metropolitanos e as atividades coloniais. A história do ensino de Língua Portuguesa no século XVIII, inserida na realidade social, política, econômica e cultural da sociedade portuguesa de então, propicia-nos o atendimento dos objetivos que levam estudiosos da época como Verney, Reis Lobato, dentre outros, a dar novos rumos às questões metodológicas de ensino em Portugal, com enormes reflexos para o Brasil, muito embora o processo de ensino estivesse muito aquém das reais necessidades da população brasileira; aliás, não se pensava na população, e, sim, numa elite, que deveria se preparar para estar apta a ajudar a manter o *status quo*.

Pelo exposto, percebemos que a organização escolar no Brasil-Colônia está, como não poderia deixar de ser, estreitamente vinculada à política colonizadora dos portugueses, totalmente voltada para os interesses daquela Nação.

É nesse clima sócio-político-cultural que surge a *ARTE DA GRAMMATICA DA LINGUA PORTUGUEZA*, de Antônio José dos Reis Lobato (1770), sobre a qual trataremos neste capítulo. Vale ressaltar que a "Ratio Studiorum", documento que determinava as diretrizes da educação jesuítica, permanece intacta até a eliminação da Ordem, em 1773, pelo governo pombalino.

Retomando o objetivo deste nosso trabalho, que é o de refletir sobre aspectos do ensino de Língua Portuguesa, numa perspectiva historiográfica, em Portugal e no Brasil no período setecentista, pesquisamos a obra de Antônio José dos Reis Lobato – *Arte da Grammatica da Língua Portugueza,* editada em 1770, com o propósito de atender às novas exigências educacionais da época. A seleção dessa obra deve-se ao fato dela ser representativa em sua época. Assunção (1997), descreve 40 edições publicadas em um século (1770-1869), quase todas em oficinas de Lisboa, uma no Rio de Janeiro (1830), uma em Paris (1837) e duas em Margão, Índia (1866-1869) Dedicamo-nos, neste momento de nossa pesquisa, apenas à Introdução da obra, constituída de 31 páginas.

Sobre Reis Lobato, pouco material encontramos. Assunção (1997), até onde pesquisou, não encontra nenhum vestígio de sua existência: "ou aparece António José dos Reis ou António José Lobato". Há vestígios de que Reis Lobato seria pseudônimo de António Pereira de Figueiredo, membro da Real Mesa Censória desde 1768. Dessa forma, Assunção levanta a seguinte hipótese: António José dos Reis Lobato poderá ter existido ou poderá ter sido o Padre António Pereira de Figueiredo. Encontram-se muitas semelhanças entre a gramática latina de Figueiredo e a de Lobato. Com relação à autoria da obra, Assunção não localiza o pedido de autorização à Real Mesa Censória para publicação dessa gramática, o que ocorre com a obra anterior a esta.

Com relação à obra, objetivo desta pesquisa, em sua introdução, Lobato cita o Rei D. José I e o Marquês de Pombal, como incentivadores do ensino da gramática materna, nos primeiros anos de escola, seguida da latina e da grega. Alguns, talvez, achassem desnecessária mais uma gramática, mas Lobato justifica que as existentes contêm falhas, como, certamente, teria também a gramática de sua autoria. Quanto mais obras houvesse a respeito da Língua Portuguesa, melhor seria o desempenho dos professores, que teriam material para fazer comparação e para ter consistência em seu conteúdo. Em relação à citação dos nomes do rei e de Pombal, reforça a idéia de a gramática se ajustar aos interesses dos governantes, já que seu surgimento, métodos e mesmo sua organização obedecem ao sistema vigente.

A gramática de Lobato apresenta duas partes: a primeira, a **etimologia**, é composta de seis livros, que se dividem em lições, e a segunda, a **sintaxe**, contém quatro livros, divididos em lições.

Quanto à etimologia, o autor segue os modelos de antigos gramáticos gregos, romanos e medievais. Relativamente à sintaxe, Lobato critica a obra do Padre Bento Pereira que, segundo ele, *"a reduz somente em dar umas regras para se conhecer na oração os casos dos nomes pelas partículas, que se lhes antepõem, instruções que satisfazem a gramatica latina e não a portuguesa".* (Lobato, 1770: XVIII).

Lobato, por um lado, elogia a gramática de Contador de Argote, pelas suas definições claras e baseadas no *"Methodo dos Padres da Congregação de Port-Royal". Além de que trata a Syntaxe separadamente, o que de ordinário não fazem os Grammaticos de línguas vivas"* (Lobato, 1770: XXIV), por outro, critica-a dizendo que a *"Grammatica não dá regras para se conhecer o gênero dos Nomes, assim pela sua significação, como pela determinação".* Também faltam, na obra de Argote, o Tratado de Prosódia, explicações sobre declinações de nomes, conjugação de alguns verbos etc. Para Lobato, a obra de Argote é a melhor e a mais completa gramática portuguesa existente, desde o século XVI.

Reis Lobato defende o ensino de língua materna, como o fez Verney, indica as fontes em que se baseou, referenciando gramáticos mais destacados da Europa e apresenta uma resenha histórica da gramatologia portuguesa. Ao defender o ensino da gramática portuguesa, Lobato lembra que os antigos romanos já ensinavam a gramática latina, o que se traduzia em falar a língua sem erros, por um lado, e em observar seu funcionamento e também das línguas estrangeiras, por outro. A gramática portuguesa seria a base de suporte para aprender qualquer outra língua, opinião defendida por Lobato e também por estudiosos anteriores, como: Fernão de Oliveira, João de Barros, Amaro de Roboredo, Contador de Argote e António Félix Mendes, Verney, dentre outros. Lobato considerava tarefa difícil preparar professores para ensinar a língua materna, pois nas escolas de então

> *os mestres de ler de ordinário não tem instrucção necessaria para ensinarem a fallar, e escrever a lingua portugueza por princípios. Do que provém sahiren das escolas os seus discípulos cheios de irremediáveis vícios, assim no pronunciar, como escrever as palavras Portuguezas; defeitos, que difficultosamente perdem por serem adquirido na tenra idade corrompida com o venenoso leite de erradas doutrinas"* (Lobato, 1770: XI-XII).

Lobato defende a criação de escolas e essencialmente o recrutamento de professores que tenham perfeito conhecimento dos princípios e normas da língua materna, uma vez que só eles seriam capazes de formar alunos em condições de dominar a fala e a escrita da língua portuguesa. A aprendizagem desenvolver-se-ia da seguinte forma: leitura de *"hum autor de historia Portugueza de frase pura, e fácil"* (Lobato, 1770: XII), seguida de uma reflexão sobre o funcionamento da língua, em que se explicariam as regras, permitindo ao "menino", não só aprender a língua materna, como também a história de Portugal que, aperfeiçoadas na adolescência, permitiriam ao país formar *"sujeitos capazes para exercerem os officios públicos de escrever nos Auditórios, Tribunaes e Secretarias, sem a imperfeição de fallarem, e escreverem a língua portugueza com erros, que commumente se notão nos que servem os sobreditos empregos"* (Lobato, 1771: XIII). Com essa colocação, Lobato indica os objetivos norteadores de sua gramática: o "menino" aprende a falar sem erros e também passa a conhecer os fundamentos da língua que fala.

Relativamente aos gramáticos portugueses, Fernão de Oliveira e João de Barros são citados e criticados, logo no início da introdução. A obra de Amaro de Roboredo é mencionada e criticada por Lobato, ainda que não com a mesma dureza das duas primeiras anteriores. A obra do jesuíta Padre Bento Pereira sofre fortes críticas, ao longo de sete páginas, por ter seguido Álvares e João Barros e não Sánchez, Vóssio, Perizónio e Sciópio. A obra de Contador de Argote é a única elogiada por Lobato que, segundo ele, segue o método dos Padres da Congregação de Port-Royal.

Reis Lobato insiste na necessidade de se ensinar, ainda na infância, a gramática de língua materna, como fazem estudiosos de outros países, como a França, Itália e Espanha. Ensinando, primeiramente, o português, a criança aprende a falar sua língua com perfeição e também tem maior facilidade em aprender as regras da gramática latina, já que é por meio das regras desta última que se ensinavam as Ciências.

Para Reis Lobato, os poucos professores escolhidos para ensinar a língua materna não possuem capacidade para ministrar tal disciplina, transmitindo aos alunos vícios que eles iriam carregar ao longo de sua existência. Os "meninos" perdem muito tempo lendo textos fora de sua realidade, sem entender seu significado, quando deveriam estudar um autor de História Portuguesa e aprender a Língua Portuguesa e a história de Portugal, depois, evidentemente, da religião.

Seria vantajosa, em vários outros aspectos, a ênfase no ensino da língua portuguesa, pois o "menino" estaria preparado para exercer um ofício público, em Tribunais e Secretarias, sem a imperfeição de falar e escrever, como se observa nas pessoas que trabalhavam nas repartições. Segundo Lobato, essa resistência em instituir o ensino da língua materna se dava porque os opositores de Lobato acreditavam que "o menino" chegava à escola sabendo falar o português, portanto, não tinha necessidade de aprender as regras, o que para Lobato era uma incoerência, pois a gramática iria aperfeiçoar a fala e a escrita corretas.

As críticas feitas por Lobato referem-se às escolas de Fernão de Oliveira, João de Barros e Amaro de Roboredo, dentre outras: a *Grammatica da lingoagem Portugueza*, de Fernão de Oliveira, para Lobato, não poderia se chamar Grammatica, porque contém somente *"huma breve noticia das letras, e seus sons, e huma confusa idea da declinação dos nomes"* (Lobato, 1770: XVII); A *Arte* de João de Barros, *"he muito breve, pois não dá perfeita idea do que he Grammatica,* por não tratar das partes do discurso com a extensão e clareza necessária" (Lobato, 1770, XVII); o *Methodo Grammatical para todas as línguas,* de Amaro de Roboredo, 1619, *"não dá a necessária noticia das diversas declinações dos Nomes, e Conjugações dos Verbos, assim regulares, como irregulares, admitindo também por preposições muitas palavras, que o não são"* (Lobato, 1770: XVII);

A análise parcial da Gramática de Reis Lobato mostra-nos que ela foi uma obra inovadora para sua época. É a primeira que, de forma continuada e sistemática, serve de base para o ensino de Língua Portuguesa, no período de 1770 a 1869, tendo sido a gramática mais editada em Portugal (40 edições). Essa análise também mostra que a Gramática de Reis Lobato foi relevante, tendo contribuído, sobremaneira, para que os estudiosos da época.

Este capítulo traz algumas questões a respeito da gramática de Reis Lobato, inserida no período das "Luzes". É obra de referência obrigatória nos séculos XVIII e XIX, tendo surgido com o objetivo principal de atender ao ensino da língua materna nas escolas da Metrópole e colônias, imposto pelo então Rei de Portugal, D. José I. Para Assumpção (1997: 80), *"a obra de Lobato está ainda muito arraigada às gramáticas latinas, mormente à de António Pereira de Fiqueiredo"* mas, sem dúvida, foi por essa gramática simples, de Lobato, que estudiosos do final do século XVIII e início do XIX aperfeiçoam seus conhecimentos da língua portuguesa.

Concluindo nossas reflexões a respeito do século XVIII, observa-se que Educação é sempre um ato político e todos os sistemas educativos revelam as ideologias políticas dos regimes que as mantêm. O século setecentista é considerado o divisor de águas entre mundo moderno e mundo contemporâneo. Um século "reformador" que põe em crise o Antigo Regime segundo um duplo processo: **político** (através da afirmação de novas classes, de novos povos, de novos modelos de Estado e de governo) e **cultural** (através de grupos intelectuais que controlam e difundem as Luzes, por meio de suas obras, inspirando uma política de reformas diferente da existente) e que dá forma àquela Europa caracterizada pelo pluralismo, pelas tensões, pelos ideais de liberdade e de reforma que será típica da contemporaneidade, ou seja, dos séculos XIX e XX.

Observa-se, no século setecentista a separação dos modelos religiosos autoritários do passado. Nem livros (a Bíblia), nem figuras (o Pai, o Padre, o Rei), nem saberes (a teologia, a metafísica) são mais os diretores dogmáticos dos processos de formação. As medidas que vigoram no século XVIII não vão funcionar tão bem a ponto de impedir o fim do Antigo Regime, mas vão retardar seu fim. É uma tentativa dos monarcas europeus visando reformar o Antigo Regime, evitando sua decadência, mas haverá apenas um retardamento no processo.

Quanto ao Brasil, há problemas de todo o tipo com a implementação da reforma dos Estudos Menores: falta de meios, de financiamento e até de interesse pelos dirigentes da época. A educação, ainda que fizesse parte dos ideais dos iluministas, nunca era pensada para todos. É sempre proposta de acordo com a posição de cada um na sociedade, o que podemos concluir que o acesso à educação no sistema formal de ensino, era realmente privilégio de poucos.

Em suma, no século XVIII, desenvolve-se uma imagem nova de educação: desvinculada da religião, racional, científica, orientada para valores sociais e civis, crítica em relação a tradições, instituições e crenças. Toma corpo um novo sistema educativo teoricamente mais livre, socialmente mais ativo, praticamente mais articulado e eficaz, construído segundo modelos ideais novos (burgueses: dar vida a um sujeito-indivíduo e recolocá-lo, construtiva e ao mesmo tempo criticamente, na sociedade) e orientado sobretudo para fins sociais e civis.

Primeira metade do século XIX: em busca da identidade nacional: Frei Joaquim do Amor Divino e Caneca

Maria Ignez Salgado de Mello Franco

> Poucas regras e muita reflexão
> Com uso mui frequente, eis a maneira
> Das artes aprender com perfeição
> *Duclos* [5]

Este estudo objetivou pesquisar fatos ou acontecimentos da primeira metade do século XIX, em busca das origens da obra de Frei Caneca: *Tratado de Gramática*, pois acreditamos que as gramáticas fazem parte do processo de constituição de qualquer língua e também do ensino do idioma nacional. Para tal, levantamos vários aspectos da vida do homem oitocentista, especialmente a do brasileiro da primeira metade do século XIX; concomitantemente, buscamos várias fontes que tornassem mais claros os elementos que pudessem interagir com sua vida, procurando entendê-lo melhor e também o processo de ensino-aprendizagem de língua portuguesa, falada e escrita no Brasil.

Inicialmente, lembramos que, ainda nessa época, as notícias eram levadas de um lado a outro de modo muito lento, às vezes a cavalo, outras vezes a vapor e o mundo "girava" lentamente. Apesar disso, movimentos diversos eclodiram em todo o mundo e no Brasil também. Paradoxalmente à lentidão e à inexistência de máquinas mais velozes, tivemos grandes mudanças, em todos os setores. Novos valores culturais refletiram-se na Arte, na Filosofia e nas Ciências, causados por um movimento histórico-cultural, iniciado em numerosos países.

Na Europa, as mudanças sociais e políticas levaram a burguesia a alcançar o poder na França, no final do século anterior. O período de solidificação do poder burguês europeu demorou e essa classe, que cada vez mais ganhava for-

---

[5] Charles Duclos (1704-1772) "era um escritor francês. Ele foi autor de romances e de ensaios, demonstrando sempre ser um espectador muito atento da sociedade de seu tempo na obra "Considerações sobre os costumes desse século (1754). foi admitido na Academia Francesa de Letras, e tornou-se seu secretário perpétuo e favoreceu a eleição de escritores filósofos." (Larousse, p. 2289, v.IV).

ças, contrapunha-se às principais monarquias: Áustria, Prússia e Rússia. Quase ao mesmo tempo, iniciou-se a revolução Industrial na Inglaterra, levando a profundas mudanças, no mundo inteiro, tanto na sociedade quanto nas idéias. Os homens modificaram seus pontos de vista, até sobre eles mesmos e tornaram-se mais fantasiosos, subjetivistas, individualistas e narcisistas.

O Brasil, como não poderia deixar de ser, não ficou imune a essas transformações, embora elas tenham sido mais lentas aqui, em nosso país. O importante, porém, é que a sociedade mudou e a aristocracia e o clero passaram a exercer cada vez menor influência sobre o povo. Nesse momento, algumas datas devem ser lembradas, pois tiveram não só importância histórica, mas também influenciaram sobremaneira a mentalidade brasileira, fulcro de nossa pesquisa:

De 1800 a 1807 o Brasil mudou pouco em vários setores e, no ensino, nós continuávamos a trabalhar com a gramática de Reis Lobato, imposta por D. José I, Rei de Portugal, que a exigiu não só na Metrópole, mas em todas as suas colônias. A partir de 1808, começaram mudanças que se tornaram contínuas até praticamente o fim do século. Nesse ano, a Coroa Portuguesa mudou-se para o Brasil, para fugir da perseguição dos franceses, comandados por Napoleão Bonaparte. Tal fato, aparentemente comum trouxe modificações para a língua falada no Brasil e, também, trouxe à tona o significado de nacionalidade e de independência.

Cinco anos após, em 1813, para haver maior entretenimento para a corte, foi criado o primeiro teatro brasileiro, que, para nós, brasileiros, muito ajudou no início de um novo sonho – *a identidade brasileira*. Dois outros fatos também decorrentes da chegada da monarquia devem ser levados em consideração, pois também serviram como alicerce da futura nação brasileira: a elevação do Brasil à Categoria de Reino Unido, ao lado de Portugal e de Algarves, em 1815; no ano seguinte, 1816, a criação da Academia de Belas Artes do Rio de Janeiro. Além disso, o fator econômico levou à necessidade da abertura de seus portos brasileiros para transações comerciais com outros países. Podemos afirmar que essa foi a alavanca propulsora das mudanças da sociedade brasileira, pois ela fez renascer de maneira mais vigorosa a noção de liberdade e de independência. Nessa fase, Frei Caneca já se fazia ouvir e sofria as conseqüências de seu grande desejo de mudar o Brasil.

Em 1817, Frei Joaquim do Amor Divino, ou melhor, Frei Joaquim do Amor Divino e Caneca entrou para a História, participando da revolução republicana, também chamada de *Revolução Pernambucana*.

Em 1821, D. João VI deixou o Brasil. Assumiu o trono D. Pedro I; foi fundado o primeiro jornal informativo brasileiro: o *Diário do Rio de Janeiro*. Nesse ano, segundo algumas fontes (cf. Mello,1875) foi escrita a primeira gramática brasileira.

No ano seguinte, em 07 de Setembro de 1822, aconteceu o grande marco de mudança de mentalidade, hábitos e costumes: *a Proclamação da Independência*, que acarretou a institucionalização da sociedade brasileira e reflexões novas sobre a Língua Nacional. Enfim, iniciava a emancipação política do Brasil, mas o início de novas insurreições provocou um antagonismo entre D.Pedro I e Frei Caneca.

Em 1824, a primeira Constituição brasileira foi outorgada, por decreto imperial e também aconteceu o movimento chamado de *Confederação do Equador*, do qual novamente Frei Caneca participou, o que fez realmente nosso gramático ser conhecido, não por sua gramática, mas pela grande atividade política, levando-o à prisão novamente. Em 1825, Frei Caneca morreu e sua obra até então inédita só reapareceu cinqüenta anos após, em 1875, quando foi publicada. Em diversos anos, vários acontecimentos interferiram de modo mais ou menos direto na educação e no espírito do povo brasileiro.

Em 1826, houve a discussão de um projeto proposto pelo Parlamento, para que diplomas médicos fossem escritos em "língua brasileira" – enfim a semente da identidade brasileira começava a germinar; em 1827, criaram-se duas escolas de Direito: em Olinda e em São Paulo, contribuindo de maneira inequívoca para a cultura e a reafirmação de brasilidade.

Em 1831, D. Pedro I abdicou do trono brasileiro em favor de seu filho, menor de idade, pois precisava voltar a Portugal, para tentar amainar a crise política existente naquele momento, mas isso não foi obstáculo para que as Faculdades de Medicina do Rio de Janeiro e da Bahia fossem criadas no ano seguinte.

Em 1836, recrudesceu a busca da identidade brasileira: o índio se tornou um herói da literatura e teve início o movimento literário chamado Romantismo, que já nascera na Europa, anos antes. Tudo isso fortaleceu esse movimento literário, em diferentes gêneros e, em 1838, surgiram as primeiras peças brasileiras: "Antônio José" de Gonçalves de Magalhães e a comédia "O juiz de paz na roça" de Martins Pena.

Novos fatos continuaram a acontecer: em 1840: foi decretada a maioridade de D. Pedro II, embora ele ainda não tivesse dezoito anos de idade, como o exigido pela constituição do império. Essa mudança política contribuiu para um aceleramento no rumo político brasileiro, que propiciou um terreno fértil para muitas discussões, polêmicas e novidades nos diferentes ramos de conhecimento.

Em 1848, na Europa, a publicação do "Manifesto Comunista" de Karl Max e Friedrich Engels, o qual analisava as contradições políticas do momento, influiu muito no pensamento dos que "pensavam o Brasil" e também naqueles que não podiam fazê-lo, *de direito*, mas *de fato* o fizeram, propiciando mais polêmicas e futuras mudanças. A economia se ressentiu muito, porque o dinheiro aumentou sua importância, causando uma grande diferença entre os menos e os mais poderosos.

Em 1850, último ano da primeira metade do século, outro fator de extrema importância e gerador de muitos conflitos aconteceu: a extinção do tráfico de escravos no Brasil.

A Economia, como já dissemos, sofreu mudanças, decorrentes não só de fatores externos, mas também e, talvez, principalmente, dos acontecimentos mencionados anteriormente. O exemplo mais esclarecedor foi a abertura dos portos brasileiros para facilitar o comércio com outras nações. Outro fator não menos importante foi a miscigenação das raças povoadoras do Brasil, considerada um fator positivo, porque levou a sociedade a progredir intelectualmente e a alimentar seus sentimentos de liberdade, de nacionalismo e, necessariamente, a obter mais recursos para fazer do Brasil uma nação livre, não só intelectualmente, mas livre de Portugal, seu colonizador.

As Artes e as Ciências igualmente receberam influências mundiais, que colocavam em xeque valores e ideais das estruturas de privilégios da classe dominante. O jornalismo também atestou o surto cultural da época. O povo brasileiro já não mais aceitava a diferença marcante das classes sociais e a discriminação de alguns grupos sociais também começou a incomodar. As Ciências despertaram o interesse dos mais letrados e houve uma busca para o conhecimento daquilo que estava acontecendo no mundo.

O movimento artístico começou a se firmar como um movimento literário, apoiado na cultura do povo brasileiro, nas idéias nacionalistas e na busca das origens do país. Tanto em Portugal quanto no Brasil, a literatura de Língua Portuguesa floresceu, continuando aquilo que se iniciara nos séculos anteriores. Segundo Sant'Anna Martins (1988:14), *"com o Romantismo tivemos valiosas inovações e busca de uma expressão lingüística brasileira".* Nessa época, o brasileiro deixou aflorar seu sentimento com maior força, resultando em paradigmas importantes que muito influenciaram a cultura. No Brasil, como já dissemos, um grande sentimento, a *Liberdade*, surgiu, fazendo sobressair os valores da *Verdade*, do *Bem* e do *Belo*. Sobressaíram-se nessa primeira fase Gonçalves Dias e José de Alencar. Este último, embora gostasse dos clássicos, foi atacado por sua "incorreção e pretensão de criar uma língua brasileira."

Verificamos que a literatura avançou bastante e nossas escolas assimilavam as influências estrangeiras, modificando-a ao sabor do gosto brasileiro, mas os estudos lingüísticos caminharam em passos mais lentos. Fazemos nossas as palavras de Sant' Anna Martins (1988: 9):

se a literatura do século XIX tem sido bastante estudada, o mesmo não acontece com a língua, pois a maior parte das histórias da língua portuguesa se detêm no século XVI ou XVII, um ou outro autor fazendo breve referência à evolução do idioma nos anos de oitocentos.

Os estudos lingüísticos também foram valorizados: até fins do século anterior, eles baseavam-se em modelos greco-latinos, e sua descrição ia ao encontro de pressupostos filosóficos e normativos; a divisão entre as variantes de Portugal e as do Brasil acentuaram-se, suscitando inúmeros debates, polêmicas e estudos, gerando a discussão chamada de "questão de Língua Brasileira". O que muito ajudou essa evolução foram os jornais, os clubes políticos, as lojas maçônicas, os conventos, as assembléias e todas as reuniões que refletiam as idéias e as ações daqueles que desejavam a emancipação nacional.

As pesquisas sobre a língua e o conceito de gramática também provocaram reações de inúmeros professores e estudiosos que entraram nesse litígio. Conseqüentemente, nessa época, houve poucos estudos gramaticais formalizados, pois, além das discordâncias entre os letrados, o ensino era privilégio das pessoas de maior poder aquisitivo, que estudavam gramática latina e liam os clássicos. A gramática de Frei Caneca não pôde contribuir para essas discussões, pois, embora escrita nessa fase, no auge das querelas, ela só foi publicada, no terceiro quartel do século e postumamente.

A partir de 1833, o estudo da *Gramática Comparada* começou a modificar o panorama, especialmente com os estudos do lingüista alemão Franz Bopp. Podemos afirmar que o interesse dos românticos pelo passado ratificou esse tipo de estudo, pois essa gramática confrontava palavras usuais de duas ou mais línguas.

Outra linha de estudo ganhou força, o da *Gramática Histórica*, que também se opunha à fixidez greco-latina, procurando explicar a formação e a evolução das línguas.

Segundo Orlandi (2002:14):

> *No século XIX, em que predominam os estudos históricos da linguagem, temos: a definição da língua como produto da história; a teoria que se pratica é o comparatismo; o método é o histórico-comparado; os procedimentos (para citar um) são a análise da evolução sustentada nas leis fonéticas, visando encontrar relações perante uma unidade idealizada que é a língua mãe (UrSprache); o objeto é a língua como objeto histórico (atomizado), produto da história.*

Ainda em Orlandi (2002:125), selecionamos novas afirmações que correspondem perfeitamente aos objetivos de nosso trabalho:

Consideramos, em nosso caso, a história das idéias lingüísticas nas condições próprias da história brasileira: uma colônia portuguesa que se torna Estado independente no início do século XIX. Temos em conta a língua que funciona no Brasil (extensão do espaço de comunicação de Portugal) que, por suas especificidades, faz parte do processo de constituição de nossa nacionalidade."

Assim, o Brasil teve seus receios e, apesar do avanço das pesquisas lingüísticas continuarem, como já foi afirmado, tivemos poucos estudos gramaticais na primeira metade do século XIX. Podemos reafirmar que houve muitas discussões sobre gramática, sua conceituação e sobre ortografia mas pouca ou quase nenhuma formalização de estudos gramaticais, com exceção dos realizados por Frei Caneca (entre 1817 e 1819), que escreveu um *Breve Compendio da Grammatica Portugueza*, um tratado gramatical, pouco conhecido e muito difícil de ser encontrado na atualidade; por Antonio da Costa Duarte (1829), que publicou *Compendio da Grammatica da Lingua Portugueza* e por Antônio Álvares Pereira Coruja (1835) que escreveu *Compendio da Lingua Nacional*.

A Historiografia, em sua acepção histórica de documentar fatos, viagens, conquistou um lugar valioso em nossas letras, pois os autores cultivavam esse gênero, com o objetivo de construir uma *história nacional brasileira* e porque D. Pedro II tinha interesse em consolidar a cultura nacional, tanto que apoiou a criação do Instituto Histórico e Geográfico Brasileiro criado em 1838 (Bosi 1979:109). O Visconde de Porto Seguro (Varnhagen), grande historiógrafo da época, ao estudar arquivos europeus, descobriu documentos históricos e literários da era colonial e escreveu: "História Geral do Brasil", "História das Lutas contra os Holandeses" e "História da Independência do Brasil".

A oratória, especialmente no romantismo, teve representantes muito eloqüentes: José Bonifácio de Andrada e Silva, Antônio Carlos de Andrada e Silva e Martim Francisco.

Quanto ao estudo da educação no século XIX, segundo Luzuriaga (1981), é necessário conhecer fatos educacionais europeus e de algumas repúblicas hispano-americanas, como: Argentina, Chile, México, Uruguai e Venezuela. Para a pedagogia é preciso estudar a linha idealista dos filósofos: Fichte (1762-1814), Hegel (1770-1831) e Schleimarcher (1768-1834) e o pensamento de escritores como Goëthe (1749-1832), Froebel (1782-1852) e Herbart (1776- 1841).

Iniciaremos com os estudos de Maria Luísa S. Ribeiro (1984), *professora da área de Educação da Pós-Graduação da PUC/SP e da Filosofia da Educação da UFSCar*. Embora só tenhamos estudado a primeira metade do século XIX, mostraremos como ela dividiu-o, tomando como critério destacar os instantes de relativa estabilidade dos diferentes modelos- político, econômico e social.

Houve, segundo a pesquisadora, três períodos significativos, que propagam formas diferentes de organização escolar (cf. 1984:21):
1- 1808 a 1850 – Crise do Modelo Agrário-Exportador Dependente e início da estruturação do Modelo Agrário-Comercial-Exportador Dependente;[6]
2- 1850 a 1870 – Consolidação do Modelo Agrário-Comercial-Exportador-Dependente;
3- 1870 a 1894 – Crise do Modelo Agrário-Comercial-Exportador Dependente e tentativa de Incentivo à Industrialização.

O primeiro período foi dividido por ela em:

a) a fase joanina: época de grande contradição entre submissão e emancipação; abertura dos portos; crescimento da burguesia na dominação de sociedades industriais; surgimento da classe média, especialmente, com a mineração. Houve um grande desenvolvimento da vida urbana e conseqüentemente do campo intelectual. Segundo Bréjon (1977), a administração de D. João VI, tinha por objetivo formar pessoal especializado e foi fértil em realizações no campo de ensino técnico e superior educacional; cursos são criados para preparar pessoal mais qualificado e diversificado, mas a instrução elementar não recebeu cuidados da administração, sendo relegada a um segundo plano. Isso representou alguma ruptura com o ensino jesuítico colonial, embora tal rompimento não tenha sido total. O ensino imperial se iniciou, dividido em três níveis:

1- primário – (escola de ler e escrever) – técnica;
2- nível secundário – permanência da organização de aulas régias: Gramática Latina, Matemática Superior, Desenho, História, Retórica, Filosofia, Inglês e Francês, dependendo da Escola ou do Estado.
3- nível superior.

b) a fase politicamente autônoma: Volta de D. João VI para Portugal; Independência do Brasil em 1822; proposta de nova Constituição para o Brasil. Na educação, houve insistência para um "sistema nacional de educação", que contemplasse os artigos da Constituição:

> "... *instrução primária gratuita a todos os cidadãos"; criação de "Colégios e Universidades, onde serão ensinados os elementos das ciências, belas artes e artes".*

Segundo Ribeiro (1984:49), houve uma única Lei Geral (15 de outubro de 1827) relativa ao ensino elementar até 1946, que deixava claro os limites da organização educacional: esta era dever do Estado, a distribuição deveria ser

---

[6] Essa é a fase que interessa ao nosso estudo. As outras duas estão sendo citadas, para não se perder a noção de conjunto da autora);

racional em todo o território brasileiro e abranger diferentes graus do processo educativo. Ficou o desejo, praticamente no papel, pois só foram criadas escolas de primeiras letras. Além disso, o ensino só era dado "aos homens livres". Isso gerou graves deficiências quantitativas e houve poucas escolas de "primeiras letras" e muitos questionamentos de alguns objetivos, conteúdo e metodologia. Também não havia pessoal preparado para o magistério, nem amparo profissional para o aprimoramento dos professores. *A reforma constitucional descentralizadora de 1834* ampliou a Lei Geral de 15 de outubro de 1827, que estabelecera as diretrizes norteadoras da criação de escolas de nível elementar. O artigo 6º proclama:

> *aos meninos, os professores ensinarão a ler, as quatro operações da Aritmética, prática de quebrados, decimais e proporções, as noções mais gerais da Geometria prática, a Gramática da língua nacional e os princípios da Moral Cristã e da doutrina da Religião Católica e Apostólica Romana, proporcionados à compreensão dos meninos, preferindo para as leituras a Constituição do Império e a História do Brasil"; "às meninas.... as mestras, além do declarado no artigo 6º, com exclusão das noções de Geometria, e limitando a instrução da Aritmética só às suas quatro operações, ensinarão também as prendas que servem à Economia Doméstica."*

Cavalcante (1994:27) reafirma que, apesar de, no Império, o artigo 179 da Constituição de 1824 propor que *"a instrução primária é gratuita a todos os cidadãos"*, colocando o Brasil em uma posição privilegiada, não havia corpo docente necessário para as necessidades e nem a Constituição propunha meios de viabilizar esse artigo, pois tais escolas não tinham sido previstas. Na realidade, a criação de estabelecimentos de formação de professores para o curso primário só se iniciou, efetivamente, em maior número, no século XX. As poucas escolas criadas destinavam-se aos homens (a primeira mulher se formou 31 anos depois de instalada a primeira escola – em Niterói). Em São Paulo, a escola era noturna, freqüentada por jovens que trabalhavam durante o dia. Não era fácil para os alunos acompanharem os estudos. Além disso, essas entidades ficavam à mercê dos avanços e dos recuos na política e na educação. Inclusive muitas delas eram criadas, mas logo poderiam ser extintas. Todo esse vai-e-vem prejudicava muito aqueles que tinham interesse em continuar seus estudos. Em razão disso, os estudos apontam para sua existência definitiva só na segunda parte do século XIX e, assim mesmo, após recomendação expressa do então ministro do Império em 1882.

Falando da criação de cursos normais, devemos também falar de seu ensino. Na primeira metade do século, as aulas de Português estavam divorciadas da língua falada pelo povo. O povo tinha seu dialeto e o ensino era dado na variante padrão de Portugal. A maioria do povo era analfabeta e as províncias não tinham condições sociais ou econômicas para oferecer um ensino gratuito, nos níveis primário e secundário. Isso tudo aumentou o fosso que havia entre as pessoas que tinham instrução e as que não tinham. Além disso, o governo central não conseguiu estabelecer uma política educacional, garantindo a instrução primária para toda a população, decorrendo sua proposta de que o ensino fosse descentralizado, oferecendo aos menos favorecidos uma *educação elementar*, de aulas de leitura, escrita e cálculo e uma *vocacional* e, aos mais favorecidos, uma *educação mais acadêmica*, que permaneceu durante o século inteiro.

Na instrução secundária, houve um recrudescimento de aulas avulsas e particulares para meninos, sem fiscalização e unidade de pensamento. Depois esse ensino enriqueceu-se, propondo estudos literários clássicos e modernos. Ensinava-se: Latim, Retórica, Filosofia, Geometria, Francês, e Comércio. Em busca de maior unicidade, foram criados vários colégios, entre os quais o Colégio Pedro II (1837), que foi padrão de ensino, sendo um estabelecimento modelo dos estudos secundários e obviamente do estudo da língua materna, sendo mesmo considerado como um auxiliar poderoso do processo de gramatização brasileiro. (Orlandi org. 2001:25). A organização de escolas normais, iniciada na 3ª década do século XIX, acarretou alguma melhora, mas só em 1880, já na segunda metade do século em estudo é que elas passam a ter três anos.

Na instrução superior, foram criados vários cursos e diferentes projetos foram discutidos na Corte, inclusive para o ensino Médico. Os cursos eram isolados, baseados na literatura européia e com preocupações profissionalizantes estreitas, desvinculando a teoria da prática. Havia queixas do mau preparo dos alunos e faltava uma política educacional integrada entre centro e províncias.

O ensino, destinado mais às camadas privilegiadas da população, era constituído de um alunado que já chegava com algum conhecimento da língua, pois a função do ensino de Língua Portuguesa era levar ao conhecimento das normas e regras do bom funcionamento da língua materna. O respeito pela língua vinha através da gramática e do contato com textos literários e isso foi até os meados dos anos 50 do século século XX. A concepção de língua era então a do conhecimento lingüístico, usando textos ou não para buscar as estruturas lingüísticas que eram submetidas à análise gramatical.

Segundo Souza e Silva e Koch (1983:7), até fins do século XIX, os estudos lingüísticos buscavam sua fonte na gramática greco-latina, baseada em princípios lógicos, procurando deduzir os fatos da linguagem e estabelecer regras para a língua que era fixa, com descrições normativas e filosóficas. Logo, as gramáticas do Português limitavam-se a apresentar normas para bem falar e bem escrever. Para as autoras citadas, Marcuschi também confirmou o que já foi dito – desde a época do Império até meados do século XX, predominavam no ensino de Língua Portuguesa, os modelos literários bem escritos ou textos chamados "clássicos".

Hillsdorf e Vidal (2001:10), professoras da Faculdade de Educação da USP/SP, enfatizam o trabalho dos professores, citando um trecho que a primeira autora já escrevera anteriormente:

> *Maria Lúcia Hilsdorf traça um rico quadro do ensino na província de São Paulo na primeira metade do século XIX, questionando algumas das certezas construídas pela Historiografia Educacional. Partindo da concepção da sociedade paulista como ainda profundamente oralizada e utilizando documentos da Arquivo do Estado de São Paulo, apresenta aspectos da incipiente escolarização da sociedade paulista que põem em relevo a atuação decisiva de professores e professoras na consecução de suas atividades docentes, ora confirmando, ora resistindo às iniciativas das lideranças político-educacionais".*

Segundo essas estudiosas da educação (2001:43), houve um questionamento também sobre a historiografia no que diz respeito aos estudos referentes à ação jesuítica no Brasil que pressupôs a unidade do Catolicismo como o cerne do Estado Nacional, no século XIX. Essa afirmação não é válida em sua totalidade e estudos atuais mostram que há uma inadequação para essa generalização que muitos estudiosos fizeram. Temos alguns homens batalhadores da educação, contrários à educação jesuítica, mas que tinham por convicção as práticas humanitárias e filantrópicas:

– Rafael Tobias de Aguiar, em 1820, membro do Conselho da Presidência da província de São Paulo e que se posicionou firmemente para a ampliação dos estudos para o povo, pois *"sem luzes os povos jamais serão felizes"*. Ele propôs a criação de aulas de primeiras letras e de gramática latina, a implantação de exames públicos ao final do ano letivo, a adoção do ensino mútuo nas escolas elementares, o ensino do francês pelos professores de latim, mais recursos para a instrução pública e a criação de uma Universidade criada por Lei da Assembléia Constituinte e Legislativa de 1823;

– Lucas Monteiro de Barros, primeiro Presidente da província de São Paulo, criou a Biblioteca Pública, abrigos de órfãos, um Jardim Botânico, a casa de Correção e Trabalhos, reformou o Hospital e o Lazareto. Tentou ainda a instalação de uma Universidade em São Paulo;

– Frei Manuel da Ressurreição e Mateus de Abreu Pereira, bispos de S. Paulo (1774-1824), reuniram na biblioteca do bispado um acervo antiescolástico e antijesuítico, com obras que representassem a cultura moderna e as disponibilizaram para o clero paulista;

– Lucas Monteiro de Barros, quando D. Mateus faleceu, arrematou a biblioteca do bispado e anexou-a à "livraria dos franciscanos" para formar a Biblioteca Nacional e em 1828 a constituiu como núcleo inicial da biblioteca da Academia de Direito.

Todos esses homens públicos lutaram pela educação brasileira.

Antes de analisarmos a obra do gramático selecionado para nossa pesquisa, lembraríamos as palavras de Leroy (1971:25):

Somente no século XIX é que esses raciocínios de tipo abstrato desaparecem pouco a pouco diante do alargamento de horizontes provocado pelo conhecimento de línguas cada vez mais numerosas, do interêsse que nasce pelos falares vivos e, sobretudo, do desenvolvimento de um método histórico que, rejeitando qualquer apriorismo, toma consciência das realidades e trabalha com os fatos tais como se nos apresentam à observação; porque foram a formação e o progresso da gramática comparada que permitiram a elaboração, em novas bases, do pensamento lingüístico contemporâneo, cujo estudo, portanto, deve começar pelo exame das condições tão recentemente criadas.

Selecionamos para nossa pesquisa gramatical, o autor Frei Caneca, pois na primeira parte do século XIX, segundo nosso ponto de vista foi aquele que mais se projetou na construção de uma *identidade nacional*. Seu livro inclui também um tratado de eloqüência.

Falaremos um pouco de nosso autor, mas já alertamos, de antemão, que sua vida foi escrita de modo diferente por vários pesquisadores. O que é certo é que ele nasceu, viveu e morreu, como sua época: ambíguo, pouco conhecido, querendo desabrochar, mas morrendo por causa de seu ímpeto de liberdade de mudança e de educação dos mais simples.

Joaquim do Amor Divino Rabelo e Caneca teria nascido no bairro Fora de Portas, freguesia de S. Frei Pedro Gonçalves em julho de 1774 (data confirmada também por Raymundo de Menezes, autor de um Dicionário Literário Brasileiro), em Recife, Pernambuco e falecido em 1825. Outros biógrafos dizem que seu nascimento teria sido em 1779.

Segundo Mello (1875:27), seu maior biógrafo, não há registro do dia de seu nascimento, nem do dia de seu batismo, no arquivo do convento de Nossa Senhora do Carmo da mesma cidade. O que se tem certeza é de que ele foi educado no Seminário de Olinda, onde assimilou os ideias liberais. Ele recebeu as ordens no Convento Carmelita, onde ele entrou em 1795 e ordenou-se em 1799. Menezes (1969) e Mello (1875) afirmam que ele tomou o hábito em 08 de outubro de 1796 e não em 1799. Tendo certeza dessa data e sabendo que, pelas regras do convento, a entrada definitiva para a vida religiosa só se dá aos vinte e dois anos (22), o segundo pesquisador mencionado presumiu que ele teria nascido realmente em 1774 e teria morrido com cinqüenta e um anos. Seu pai chamava-se Domingos da Silva Rabello e sua mãe, Maria Alexandrina de Siqueira.

Mello (op. cit.:27) afirma que ainda hoje há poucos documentos, quer em arquivos, quer em publicações sobre Frei Joaquim do Amor Divino. Isso deve ter gerado muita confusão até em relação ao seu nome. Assim, em Recife, ele chegou a ser conhecido por Frei Miguel Joaquim Pegado Caneca. Seu verdadeiro nome, porém, segundo seu maior biógrafo é Frei Joaquim do Amor Divino Rabelo, ao qual ele mesmo acrescentou e Caneca, um apelido adotado do pai, que era tanoeiro, isto é, fabricante de barris. O acréscimo de Caneca ao nome foi uma forma de mostrar que ele tinha orgulho de ser de origem humilde e que não se sentia humilhado da condição financeira de seu pai que o chamava por Caneca, apelido carinhoso.

Pouco se sabe de sua vida antes de sua ordenação. Do que se tem certeza é que ele foi professor de Álgebra em Alagoas e que, em 1803, seu convento lhe conferiu a patente de leitor em retórica e de professor de Geometria. Algum tempo depois, fizeram-no definidor de sua Ordem. Mais tarde foi Secretário de Frei Carlos de São José, que se tornou Bispo do Maranhão.

Foi um grande patriota, político liberal, trabalhador intrépido e sacerdote. Seus biógrafos são unânimes em afirmar que ele era um erudito e desempenhava de maneira magistral tudo o que lhe atribuíam. Além de Geometria, foi professor de Filosofia e de Retórica. Publicou também várias obras didáticas, mas quase nada mais nos resta da memória de seus sermões, de seus escritos, de seus artigos de jornal, de suas epístolas políticas, mas todas elas *"põem em equação os direitos do povo e mostram limitações ao chamado direito dos reis, que reduz a uma simples encenação da soberania das nações".* (cf. Mello.: 32)

Serviu como secretário do governo republicano, instalado, na ocasião, em Pernambuco. Ele foi influenciado pelas idéias de Manuel de Carvalho Pais de Andrade, resultando em uma participação mais ativa, como um dos mais animadores do movimento de 1817, pondo-se logo ao lado dos ideais de liberdade. Todos que falaram sobre ele, enfatizaram que ele se distinguiu como um grande propagandista dos ideais republicanos, desde a Revolução de 1817, da qual foi um dos líderes. Derrotada a revolução, foi encarcerado na Bahia, até 1821, quando voltou a suas atividades. Frei Caneca, na prisão, reestudou a gramática de Jeronymo Soares Barbosa, discutiu com Frei Joaquim, seu colega de ordem e com outros conhecidos. Assim ele pôde escrever uma gramática que Mello colocou no "Apenso" de seu livro sobre Frei Caneca. Por ter ficado quatro anos na prisão, nosso pesquisado teve possibilidade de escrever não somente sua Gramática, mas também um "Tratado de Eloquês" e pôde traduzir obras do francês e do inglês. Foi feroz lutador contra D. Pedro I, desde a dissolução da Constituinte de 24 de fevereiro de 1824, freqüentando a Academia Paraíso, um dos centros da conspiração. Fez discursos revolucionários, propondo a luta armada. A 25 de dezembro de 1824, lançou o seu jornal Typhis Pernambucano, que era, segundo Menezes (1969:299), *um panfleto, saído exclusivamente de sua pena*. Participou da Confederação do Equador (revolução separatista), que malogrou e ele não teve alternativa senão refugiar-se no Ceará, mas lá ele foi preso, processado, levado para Recife e condenado à morte, mas sempre se portou com dignidade, mesmo frente a essa hora tão cruel. Morreu fuzilado em janeiro de 1825.

Sua vida é muito curiosa, pois, mesmo sendo um Frei, juntou-se a uma mulher e teve vários filhos. Mesmo tendo uma religião para propagar e uma família para cuidar, não se tranqüilizou e foi um político intransigente, colocando sua vida em risco. Aqueles que escreveram sobre Caneca disseram com todas as letras que foi sacerdote praticante, mas amancebado; amado, mas também odiado; agitador revolucionário e jornalista doutrinador.

Em vários momentos de sua vida, tomou algumas atitudes que o fizeram mais querido ainda por quem o admirava. Por exemplo, quando esteve preso na Bahia, usando de seu poder de ensinar Matemática, ensinou a matéria para os outros prisioneiros, chamados por ele de "seus companheiros de desdita". Outros dizem que, além de Matemática teria ensinado a gramática, que foi o embrião de seu "Tratado de Gramática". Não podemos deixar de relembrar que, por esses atos, ele se tornou mais odiado pelos seus algozes e mais amado pelos que conviveram com ele, tanto que, ao ser condenado à forca, seu carrasco se negou a exercer o ofício, no que foi acompanhado pelo seu ajudante e por todos os presos da cadeia que muito o respeitavam. Além disso muitos fizeram apelo para que ele vivesse, o que muito irritou a D. Pedro I.

Em vista disso, não restou aos que queriam vê-lo morto exigir que ele fosse desautorado das ordens religiosas e que fosse fuzilado em 13 de janeiro de 1825, tombando como traidor da pátria. Isso, porém, pouco significava para nosso gramático, pois Frei Caneca dizia que *"para lutar e vencer, é preciso antes de tudo ser sincero e não ter medo"*.

Esse lema, ele teria aprendido com Carlyle[7]. (cf. Mello:33)

Seus escritos, lembrados por seus biógrafos, são, na maioria, aqueles que se referem a sua fase política, como:

– Dissertação sobre o que se deve entender por pátria do cidadão e dos deveres de cada cidadão para com a mesma pátria (1823);

---

[7] Thomas Carlyle (1795-1881), escocês, foi historiador, crítico e escritor. Dedicou-se à crítica e à história. Foi o crítico social mais notável de seu tempo.

– Cartas de Pítia a Damião (1823);
– Jornal pernambucano *Tifis* (dezembro de 1823 a agosto de 1824), onde manifestou suas idéias sobre D. Pedro I.

Todas essas obras políticas e literárias foram organizadas por Antônio Joaquim de Mello, em 1875.

O livro, pesquisado por nós, encontra-se nas:

OBRAS POLITICAS E LITTERARIAS DE FREI JOAQUIM DO AMOR DIVINO CANECA

Colecionadas pelo Comendador Antonio Joaquim de Mello

Em virtude da lei provincial nº 900 de 25 de junho de 1869 mandadas publicar pelo
EXM. Sr. Comendador Presidente da Provincia.

Desembargador Henrique Pereira de Lucena

TOMO I

1ª edição

Recife
Typografia Mercantil
1875

O Comendador tem vários tomos em seu livro. No Tomo I, forneceu a biografia de Frei Caneca, enfatizando sua obras, destacando o autor como político, comparando-o a D. Pedro I e depois elogiando Caneca como um ser humano e um grande homem político.

Em seguida, ele retomou a biografia do autor, colocando dados mais pessoais: seu nome, nascimento, família e outros, que até então não apareceram na primeira parte. Por último, ele diz que o compêndio do Frei foi escrito na Cadeia da Bahia. A seguir, ele esclareceu que o gramático da predileção de Frei Caneca foi Jerônimo Soares Barbosa, como já foi dito por nós.

O Tomo II, publicado em 1876, foi o que mais nos interessou, por revelar o pensamento do autor sobre a educação, especialmente sobre o ensino de Lín-

gua Portuguesa. É um dos tomos mais importantes, para nós, que procuramos seguir as linhas da Historiografia Lingüística, pois nos fornece elementos sobre:
– a visão de mundo, de Portugal e em especial do Brasil, em uma fase tão importante de nossa história;
– o estabelecimento do clima de opinião do período e uma avaliação particular de Frei Caneca;
– a reflexão sobre o primeiro quartel do século XIX, com relação à produção do Tratado de Gramática, as implicações sócio-cultural-econômicas ocorridas naquela fase;
– a descrição de como se desenvolveu uma parte do saber educacional e lingüístico nesse contexto tão cheio de situações dramáticas.
Esse Tomo apresenta a estrutura da obra de Frei Joaquim do Amor Divino:

Breve Compendio
de
Gramática Portugueza

Organisado em forma sistemática com adaptação a capacidade dos alunos

Poucas regras e muita reflexão
Com uso mui frequente, eis a maneira
Das artes aprender com perfeição
(Duclos)

por

Frei Joaquim do Amor Divino Caneca

Logo após essa apresentação, conheçamos como é a

Constituição desse tomo:
– Indice
– idéias gerais de gramática ou origem das partes dela (25-26);
– introdução (27-28);

Parte Primeira: Etymologia/ Lição I (28-29) / Do artigo, nome e gênero dos nomes;
– Lição II (30-31)/ Do número dos nomes;
– Lição III (32) /Pronomes/ Variação dos pronomes;

- Lição IV (33) / Dos verbos em geral;
- Lição V (34-41) / Dos verbos em particular;
- Lição VI (42) / Dos participios;
- Lição VII (43-46) / Dos adverbios;
- Lição VIII (47) / Das preposições;
- Lição IX (48-49) / Das conjunções e interjeições;

Parte Segunda (50-51)/ Ortografia;
- Lição X- Da escrituração

Parte Terceira (52-53) / Prosodia:
- Lição XI- Da Leitura ou Pronunciação;
- Vicios da Prosodia

Parte Quarta (54-58) / Syntaxe:
- Lição XII: Da Syntaxe e da Oração em geral;
- Lição XIII: Da Syntaxe de Concordância em particular:
- Concordancia do verbo com o sujeito:
• Concordância do atributo com o sujeito;
• Concordância dos adjetivos com os substantivos;
• Concordância das orações parciais com as totais;
• Concordância das orações subordinadas com a principal;
• Concordância irregular ou Solecismo.
- Lição XIV (58-60): Da Syntaxe de regencia em particular:
- Syntaxe figurada em particular (hipérbato, elipse e pleonasmo):
- Hipérbato: Tmese, Anástrofe, Parentese, Sínquise, Anacoluto)
- Elipse: Zeugma, Silepese, Enalege.

- Notas (61)

- Figuras Gramaticais (62):
- Figuras de dicção: Figuras de Syntaxe

Novo livro escrito por Frei Caneca e selecionado pelo Comendador Mello:

- **Tratado de Eloqüência (63):**
1- Sistema de Eloqüência;
2- Preceitos eloqüentes com aplicações em prosa e verso;
3- Versificação Portugueza (63 a 155): Tropos, Figuras, Estilo

Mello, ao tratar da Gramática de Frei Caneca, considerou seu autor *"o maior erudito brasileiro de seu tempo".* (cf. p. 46) Ele acrescentou ainda que ele era um *"profundo conhecedor do pátrio idioma, um escritor exímio e um gramático profundo".* Se alguém quiser conhecer suas idéias gramaticais, elas *"encontram-se resumidas no Breve Compêndio de Grammatica Portugueza".*

Se assim é, nós só poderemos conhecer *o resumo de suas idéias gramaticais.* Procuraremos assim analisá-las, mas sempre lembrando que, em algum momento, poderemos aprofundar o conhecimento de suas reflexões gramaticais.

Fazemos nossas as palavras do Comendador ao afirmar que *"define-se o espírito avançado do autor na simples escolha, que fez da lição de Duclos, para legenda de seu estudo: 'poucas regras e muita reflexão. Com uso mui freqüente, eis a maneira – Das artes aprenda a perfeição' (p 46)".*

O conteúdo de sua obra é muito claro, metódico e procura enunciar seus conceitos gramaticais com esmero. Ela seguiu a divisão clássica de gramática em quatro partes: Etimologia, Ortografia, Prosódia e Sintaxe[8], uma herança da Idade Média.

Chamou-nos a atenção a postura de Frei Caneca ao dizer que *sua obra, escrita na cadeia ultrapassa a vários que pela multiplicidade de regras e emaranhado das definições se fazem verdadeiros instrumentos de martírio para a juventude.* Aqui já vislumbramos sua concepção de ensino de língua, simples, com apenas regras necessárias e definições de fácil entendimento, utilizando-se da reflexão, mais do que da memorização.

Para ele:

– Gramática é *"a arte de reduzir a regras os princípios comuns a todas as línguas"* (p.47). Ele afirma que "as línguas são compostas de frases, ou de sentenças, ou de orações; as frases de palavras; as palavras de sílabas; as sílabas de letras; as letras, ou o que é a mesma coisa, os sons – primeiros elementos ou materiais das línguas (p.25)".

Inferimos que ele concebia a Gramática como Geral, seguindo os conceitos de Port-Royal.

– Gramática Portuguesa é a arte que ensina a falar, ler e escrever corretamente a Língua Portuguesa (p.27).

Fomos buscar, em Fávero (2001:61), elementos para que entendêssemos melhor o que seja a *arte de ensinar, falar e escrever corretamente.* Para ela, arte significa uma continuidade do conceito que teve origem no modelo greco-latino. A palavra ARS vem do grego e significava, na acepção de Aristóteles,

---

[8] A partir daqui registraremos a escrita de Frei Caneca em ortografia atual.

habilidade para se fazer algo, ser um artesão. Para Dionísio, a gramática é uma arte gramatical, porque ela é prática e não especulativa.

As "Arte Liberales", isto é, dignas dos homens livres, eram: a Gramática, a Retórica, a Poética, a Lógica, a Geometria, a Aritmética e a Astronomia que foram ensinadas durante séculos. O que nos chamou mais a atenção é que Frei Caneca foi conhecedor e propagador de quase todas as artes.

Verificamos que conceitua gramática de modo que ela seja válida para qualquer língua, portanto não vai classificá-la em geral, particular, etc. de modo explícito. Seu conceito é aplicado a toda e qualquer língua. Para ele, portanto, devemos estabelecer poucas regras, mas fazendo delas nossas palavras e nossas reflexões sobre a língua, considerando-a **uma arte**, pois ensina a falar, ler e escrever de modo correto.

Caneca é muito objetivo, em um único parágrafo, partindo do mais geral para o mais particular, deixou-nos muito claro o percurso da língua que se faz em frases, através de palavras, unindo as sílabas, compondo-as de letras ou sons. Muito claro, muito sintético. Enfim, de acordo com a Lingüística atual, ele partiu do sintagma maior, a frase, para o som, unidade menor, antecipando a visão de língua como estrutura.

A partir da página 27, o autor passa a conceituar o que hoje chamamos de classes gramaticais:
- <u>Artigo</u> é uma palavra que se põe antes do nome para o particularizar.
- <u>Nome</u> é uma palavra que dá a conhecer alguma coisa.
- <u>Pronome</u> é uma palavra, a qual se usa pelo nome.
- <u>Verbo</u> é uma palavra, que significa a ação que alguém pratica ou recebe.
- <u>Particípio</u> é uma palavra, que significa como o verbo, e também como o nome.
- <u>Advérbio</u> é uma palavra, que se ajunta ao nome e ao verbo, para modificar as suas significações.
- <u>Conjunção</u> é uma palavra que serve de unir ou separar as partes da oração.
- <u>Preposição</u> é uma palavra, que se põe antes do nome, para notar as diversas relações.
- <u>Interjeição</u> é uma palavra, que significa os movimentos súbitos d'alma.

São, portanto, nove as classes gramaticais que ele considerava. Não faz subdivisões, como por exemplo: artigo definido e indefinido; nome concreto, abstrato, próprio, comum, etc. Sua gramática é simples, clara, tendo como principal objetivo que qualquer aluno, do mais simples ao mais intelectual, possa absorvê-la. Ele é enfim, um descomplicador. Não estamos com isso, afirmando que suas definições sejam adequadas sob todos os pontos-de-vista, tão somente notamos que ele procurou fazer o mais simples para mais aprendizes conhecerem a língua materna. Seus exemplos gramaticais também são accessíveis, não os buscando em autores seletos, mas sim em fatos do dia-a-dia: "O menino pegou o livro".

Discordamos, por exemplo, de sua definição de verbo muito simplista, mas para o aluno comum dizer que o verbo indica ação é um modo fácil de aprendizagem ainda que parcial. Haja vista nossos alunos atuais definirem o verbo como Frei Caneca, em 1821.

Em poucas páginas, ele deu o essencial da morfologia para seus alunos.

A partir da página 28, ele indica as partes de sua gramática, que já foram citadas, quando falamos da constituição desse tomo.

Selecionamos as outras definições que estão em sua gramática, para que os leitores tenham uma visão mais clara e objetiva desse autor:
- Etimologia (28) é a primeira parte da gramática que ensina a origem das palavras.
- Ortografia (50) é a que ensina a escrever com perfeição.
- Retórica (p.51) é a arte que dirige as disposições naturais do homem no uso da eloqüência e esta a faculdade de significar com deleite os pensamentos por palavras, para convencer e persuadir.
- Prosódia (52) é a que ensina a ler com perfeição.
- Sintaxe (54) é a que ensina a compor perfeita a oração.
- Oração (54) é um ajuntamento de palavras, pelo qual exprimimos os nossos pensamentos; consta de nove partes: artigo, nome, pronome, verbo, particípio, advérbio, preposição, conjunção e interjeição.

Por meio da leitura de sua gramática, ratificamos nossa primeira impressão de que sua visão de estrutura de língua é bastante simples, sem muitas regras e, quando existentes, explicadas com exemplos retirados do quotidiano. A não ser em *seu Tratado de Eloqüência,* ele não indica autores famosos a serem seguidos.

Ele próprio afirmou que há muitos usos e práticas da linguagem escrita. Todas as que existem em seu livro estão selecionadas aqui, mesmo porque são poucas. Caneca considerava o alfabeto português muito complexo (cf. p. 61) e imperfeito, pois havia palavras com letras a mais e outras onde faltavam letras. Tudo isso por erro dos homens que as pronunciavam incorretamente. Para ele, o alfabeto era necessário, mas com muitas alterações, por exemplo, *a letra ç* é veementemente criticada por ele, passível de ser substituída por *s* e também o *uso de duplicação de consoantes,* que produziria o mesmo efeito, usando *uma única consoante.* Por tudo isso, propôs em sua gramática uma *reforma ortográfica mais simplificada.*

À página 62 de sua gramática, expõe mais claramente seu pensamento sobre a ortografia:

O alfabeto português é muito imperfeito, visto que para formar umas sílabas tem letra de mais, e para formar outras falta-lhe letras: porque adotaram os homens alguns erros que comunicaram a posteridade, e que já estão irremediáveis. Esses erros foram habituarem-se desde a nossa infância a pronunciar alguma letras com sons diferentes dos sons naturais, v.g.: a letra c com som de k ou de q: a letra g com som de j; a letra s como som de z; as letras ch com som de q ou de x; as letras ph com som de f.

Citou Jeronymo Soares Barbosa em suas Notas (p. 61), dizendo que:

Esta verdade foi reconhecida por Senhor Jeronymo Soares Barbosa que depois de dar, em sua gramática filosófica, grande número de regras acerca da ortografia, disse finalmente: 'Escrevam-se as palavras com tantas letras, quanto bastam para a pronunciação'.

Mas essa simplicidade é só aparência ortográfica, pois ao seguir Duclos (cf nota 1), o leitor/escritor tem que ter muita reflexão e deve aprender a língua, com perfeição artística. Ora, a reflexão e a arte têm que ser muito bem elaboradas para produzir efeito e são ações humanas muito complexas que dependem de muitos fatores e habilidades.

Soares (1979:cap. 9), atualmente, considera *a gramática reflexiva* como um estudo em explicitação, que surge da reflexão com base no conhecimento intuitivo dos mecanismos da língua e que deve ser usada para o domínio consciente de uma língua que o aluno já domina inconscientemente. Essa gramática além de ser um trabalho de reflexão sobre o que o aluno já domina, leva-o também a adquirir novas habilidades lingüísticas.

Outro fato que comprova nossas afirmações é o uso das palavras de Jeronymo Soares Barbosa como fonte de conhecimento (cf.p.47): *"só se fazem estudos frutuosos quando se compreende o sistema geral da doutrina e conhecem com clareza as suas partes e as subdivisões destas".*

A gramática de Caneca apontou caminhos que ainda são válidos hoje; não temos dúvida de que, em nossos dias, a renovação do ensino do português, como língua materna, está na dependência de um leque de fatores- políticos, econômicos, sociais, psicológicos, lingüísticos, metodológicos e pedagógicos, todos de importância e interação devendo o fator lingüístico ter de se aliar às variáveis sociais e pedagógicas. As reflexões sobre o ensino de língua não se atêm à aquisição dos aspectos normativos do sistema lingüístico, mas sim procuram recuperar a relação linguagem verbal e pensamento. Essas idéias também são basilares, na Reforma Curricular do Ensino Municipal de Língua Portuguesa, elaborada em 1985: *"A educação passa a ser vista não apenas um fenômeno social, mas como um fenômeno político, uma vez que traduz interesses e objetivos de grupos diferenciados social e economicamente"* (p.1)

A vida que Frei Joaquim levou, sua dedicação aos estudos, contemplando também os que estavam presos, a importância que ele deu à reflexão da gramática, de certo modo foram contemplados nessa proposta Municipal (dezembro de 1985):

> (...) *Em síntese, uma pedagogia voltada para a transformação social compreende o trabalho docente como o processo de transmissão/assimilação ativa dos conteúdos, porém inserido numa totalidade social ampla, envolvendo determinantes econômicos, políticos e sócio-culturais. É um processo que articula o saber objetivo com as condições concretas de vida dos homens, suas necessidades, interesses e lutas." (p.3)*
> *(...) O trabalho docente põe em andamento esse processo de mediação, na medida em que o professor garante a ligação dos conteúdos com as condições de aprendizagem apresentadas pelo aluno (conhecimentos prévios, experiências, prática de vida material, etc (...)Um novo programa de língua portuguesa deve considerar, na escola, esta nova realidade: a língua portuguesa não é uma, mas muitas. (p.7)*
> *(...) Aceitemos que nosso objetivo último, no ensino de primeiro grau, sseja que o aluno consiga ler e escrever, compreendendo, no sentido mais profundo deste verbo, o que lê, e compreendendo que se escreve para dizer algo a alguém.(p.8)*

Não diferente, em sua essência, foi a Proposta Curricular de Língua Portuguesa para o Ensino Estadual de 1º grau (1986):

> *A Proposta curricular para o ensino de Língua Portuguesa não deve ser lida como uma solução, um receituário ou um rol de conteúdo a ser seguido; ela pretende, antes de tudo, ser um estímulo à reflexão, visando a uma mudança de ponto de vista e de atitudes em relação à linguagem e à língua e a uma consciência do papel do professor de língua portuguesa, para que seja capaz de adequar suas ações a esse papel.*

Caneca, de certa forma, também se antecipou aos Parâmetros Curriculares Nacionais de Língua Portuguesa:

> *O domínio da língua, oral e escrita, é fundamental para a participação social e efetiva, pois é por meio dela que o homem se comunica, tem acesso à informação, expressa e defende pontos de vista, partilha ou constrói visões de mundo, produz conhecimentos." (p. 15)*
> *A linguagem é uma forma de ação interindividual orientada por uma finalidade específica; um processo de interlocução que se realiza nas práticas sociais existentes nos diferentes grupos de uma sociedade nos distintos momentos de sua história." (p. 24)*
> *(...) O aprendiz é o sujeito da ação de aprender, aquele que age sobre o objeto do conhecimento." (p. 29).*
> *Uma das práticas de LP, propostas pelos PCNS é o da prática de **"reflexão sobre a língua"** (p.38) (negrito nosso) (...) A organização dos conteúdos de Língua portuguesa devem girar em torno do eixo:*

*USO → **REFLEXÃO** → USO, que devem definir o eixo didático:*
*AÇÃO → **REFLEXÃO** → AÇÃO*
*O ensino da LP começa pela **reflexão** e pelas relações adequadas para uma efetiva interação do professor e alunos, bem como dos alunos entre si, para que todos e cada um em especial possam interagir no processo dialógico que é a linguagem. (48)*

Voltando ao século XIX, verificamos que, se houve uma grande transformação, isto é, o Brasil tornar-se um país independente, também mudou a relação com a língua, deixando de ser uma questão de comparação com a Língua de Portugal, para ser um estudo das variações de língua de brasileiro para brasileiro.

Novamente, para isso muito ajudou a gramática de frei Caneca, pois viu o homem brasileiro sob outro prisma.

Também suas posições acerca da gramática têm pontos de semelhança com a Teoria de Aprendizagem Significativa e Teoria de Ensino de Ausubel, cujas investigações privilegiam uma abordagem cognitivista, explicando não só as variáveis cognitivas e afetivas do aluno, como também as variáveis da tarefa de ensino, mostrando o processo de interação significativa.

Essa abordagem põe ênfase na cognição, enfatizando a aquisição, armazenamento e organização de idéias no cérebro do indivíduo, considerando que a estrutura cognitiva é o conjunto de conceitos bem organizados e de forma hierárquica, representando as representações de experiência sensorial da pessoa (cf. Faria 1989: 8).

Faria, um grande estudioso de Ausubel, em seu primeiro capítulo acentua que para haver *aprendizagem significativa*, as idéias devem se relacionar com informações relevantes (idéias âncoras) e já adquiridas anteriormente pelo aprendiz, caso contrário, a aprendizagem será meramente mecânica, isto é, arbitrária sem produção de novos significados e é retido por tempo bem menor.

Entre as páginas 7 e 20, Faria define os tipos de aprendizagem e de categorias de aprendizagem: *Aprendizagem receptiva* ou aprendizagem significativa por recepção é a obtida através de palestras, conferências, materiais verbais ou escritos. Ela pode ser significativa ou mecânica também. *Aprendizagem significativa por descoberta* ocorre principalmente através do material verbal (soluções de quebra-cabeça; ensaio-e-erro; produção intelectual ou pesquisa; pesquisas outras (música, arquitetura, etc)

Categorias de aprendizagem:

– *aprendizagem representacional ou de vocabulário* (= equivalência de significado entre o símbolo arbitrário e seus correspondentes referentes. A aprendizagem representacional refere-se ao significado de palavras ou símbolos unitários. O aprendizado de língua passa por este tipo de aprendizagem.

– *A aprendizagem conceitual* é obtida através do conhecimento dos atributos essenciais comuns a uma classe de objetos, eventos, situações ou propriedades. Nessa fase, segundo Ausubel, dá-se a formação de conceitos e a sua assimilação.

– *A aprendizagem proposicional* – significado de uma idéia composta, expressa verbalmente em forma de sentença. Mas, para saber o conjunto, é preciso refletir sobre as parte, das sentenças e conhecer seus significados.

Fatores que influenciam a aprendizagem significativa:

Intrapessoais: <u>fatores internos</u> do aluno, podendo ser cognitivos (por exemplo, idéias relevantes, extensão da tarefa e funções de estabilidade e clareza das idéias de esteio do aluno) e <u>afetivo-sociais</u> (disposição para o assunto, impulso cognitivo para obtenção do conhecimento);

Situacionais = variáveis externas ao aluno.

Acrescenta que a natureza do material de aprendizagem são os objetos significativos e lógicos.

Parece-nos que todas essas atuais teorias não desconsideram as reflexões de Frei Caneca. Pelo contrário, a solidificam, mostrando um grande avanço e compatibilidade com a proposta do frei carmelita.

Caneca foi um conhecedor dos grandes escritores e poetas clássicos da língua portuguesa e até mesmo de outras línguas. Não encontramos exemplos em sua gramática, mas os encontramos, em abundância, em seu livro sobre oratória, onde demonstrou conhecer muito bem o latim e a mitologia. Cita como exemplos, não só na Oratória, mas também na Retórica frases e/ou trechos de Camões, da Eneida de Vergílio e de Cícero. Em suas outras obras, também coletadas por Mello, o gramático se mostrou também um conhecedor de História, de Filosofia e de Ciência Política.

Prestigiou os clássicos portugueses, especialmente Manuel Bernardes. Frei Caneca considerou mestres do idioma e da eloqüência: Frei Luís de Sousa, Filinto Elísio, Frei Heitor Pinto, Padre Antônio Vieira, entre muitos outros escritores.

Voltando um pouco ao seu livro, em suas Notas, à página 61, além de criticar o alfabeto, ele propõe ainda o estudo de:

Figuras Gramaticais:

– <u>Figuras de dicção</u> – é a alteração das palavras, como se vê na Ortografia.

– <u>Figuras de sintaxe</u> – é a irregular colocação das palavras como se vê em sintaxe figurada.

A partir da página 63 até a 155 da compilação feita por Mello, notamos que Caneca teve uma grande queda pela eloqüência, pois, enquanto dedica 62 pá-

ginas para seu *Tratado de Gramática*, ele proporciona-nos 88 páginas para seu *Tratado de Eloqüência*, subdividido em três partes:
1- Sistema de Eloqüência;
2- Preceitos eloqüentes com aplicações em prosa e verso;
3- Versificação portuguesa: tropos, figuras, estilo.

Nessa obra também, há várias "Tabas Synoticas" (sic), que demonstram o seu conhecimento, suas crenças e suas referências a outros grandes autores, considerados seus mestres:

Tabas (sic) Synopticas
Do Systema Rethorico
De Fabio Quintiliano

Segundo o compendio de Jeronymo Soares Barboza

Trabalhadas

por

Frei Joaquim do Amor Divino Caneca

Nessas "Tabas", nosso gramático fornece definições e/ou história sobre:

- Eloqüências
- História entre gregos e romanos

- Invenção/ Disposição/ Elocução/ Memória/ Pronunciação

- Ofícios: Ensino/ Mover/ Deleitar

- Instrumentos: Natureza/ Arte/ Exercício
- Matéria: Questões sobre:
  a) Determinadas Hipóteses: Estados/ Gêneros/ Pensamento/ Palavras
  b) Indeterminadas.

1- Conjetura (fato): Qualidade/Definições

2- Demonstratio
   Deliberatio   Pragmático e epiditico
   Judicial

3- Lógicas (razões)
   – ética- sentimento
   – patéticas   → Primeiro meio de persuasão
   – patéticas
   – movimentos

   PALAVRAS   → Segundo meio de persuasão

Aqui o autor trabalhou com 25 tabas e terminou na página 178.

O restante da obra de Mello, até a página 620, traz diversos outros escritos de nosso gramático:

Dissertação político social;
Dissertação (onde aparecem inúmeros autores latinos, bem como seus exemplos em latim)
Orações sacro-Apologéticas
Solenidades
Sociedades secretas: Cartas de Pitia a Damião
O Typhis Pernambucano
Correspondências
Advertência do revisor

Lemos Brito (1937) também nos interessou, pois iniciou seu livro "A Gloriosa Sotaina do Primeiro Império", com uma foto de Frei Caneca, publicada em 1924 pelo Archivo Nacional, por ocasião do primeiro centenário da Confederação do Equador; outra foto do Presidente do Brasil e, em seguida, a homenagem que o próprio Brito fez a Pernambuco, nessa data comemorativa. A seguir, destaca alguns trechos escritos por Joaquim do Amor Divino no jornal "Typhis Pernambucano". Vale a pena ser lido para quem quiser ter mais elementos da vida tão curta, mas tão rica de emoções de nosso autor selecionado.

Concluímos com as palavras de Menezes(299):

O mártir pernambucano é considerado o maior erudito de seu tempo. Foi notável conhecedor do nosso idioma. Escritor exímio e gramático profundo, latinista, historiador, filósofo, conhecedor de ciência política, da mitologia, da astronomia e das ciências naturais, grande polemista e jornalista de combate.

Está claro que foi um revolucionário, um libertador também da gramática, pois propôs poucos fatos, exemplos muito simples, para que qualquer aluno pudesse entender, mas essa simplicidade não significou superficialidade, mas reflexão, invenção e muita arte. Não negamos, porém, que ele bebeu parte de seu conhecimento de gramáticas de seus antecessores ou dos gregos e latinos, mas sabia construir uma intertextualidade cativante e rica de apelos para reflexões e novas leituras.

Foi um homem muito coerente em sua época, pois discordou não só na política, mas também de como se ensinava a língua materna. Foi um ser que nos deixou não só o legado do amor ao próximo, mas também àqueles que foram presos justa ou injustamente. Aos encarcerados, Caneca procurou torná-los mais aptos com sua própria língua, enfim foi um mestre da língua portuguesa, exercendo esse mister até mesmo na prisão

Foi um simplificador da língua, mas mantendo sua correção, quando produziu o seu jornal, o fez acessível ao povo, procurando educá-lo e transmitir seus conhecimentos. Ao mesmo tempo, foi capaz de escrever em um outro nível de linguagem, mais erudita, quando escreveu as cartas de *"Pítia a Damião"*.

Parece-nos que, nos dias de hoje, ele estaria perfeitamente à vontade com as propostas de Língua Portuguesa, que indicam que devemos escrever/falar, selecionando variantes próprias a cada grupo. Devemos partir do conhecimento prévio de nossos alunos e tomar cuidado com o conhecimento partilhado, para que eles cheguem ao objetivo final, proposto pelos professores. Devemos lembrar ainda que ele usou um outro elemento de coerência, a contextualização. Enfim, o ensino da LP começa pela reflexão e pelas relações adequadas para uma efetiva interação do professor e alunos, bem como dos alunos entre si, para que todos e cada um em especial possam interagir no processo dialógico que é a linguagem.

Um dado muito importante para nossa reflexão é que frei Caneca foi admirador de um gramático filosófico e propositor da tradição portuguesa em geral, mas ele soube ser um dos mais importantes elos da nacionalidade, sendo autor de uma gramática, tida como vernaculista e pedagógica. Sem esquecermos de outro grande mérito seu, que foi ter sido um dos iniciadores da gramatização brasileira do português,

Segunda metade do século XIX: Da apoteose do sentimento à anatomia da língua[9]

MARIA LAURA PINHEIRO RICCIARDI

em latim
"porta" se diz "janua"
e "janela" se diz "fenestra"

a palavra "fenestra"
não veio para o português
mas veio o diminutivo de "janua",
"januela", "portinha",
que deu nossa "janela"
[......]

já em inglês
"janela" se diz "window"
porque por ela entra
o vento ("wind") frio do norte
a menos que a fechemos
como quem abre
o grande dicionário etimológico
dos espaços interiores
*(trecho de "Ouverture la vie em close",
de Paulo Leminski)*

De forma geral, o século XIX pode ser visto como uma época que nos ilumina e ao mesmo tempo nos ofusca, ao entrecruzar movimentos recorrentes e opostos, convergentes e divergentes, tornando-se complexicamente criadora.

O delineamento do panorama cultural da segunda parte dessa centúria buscará, então, clarear alguns aspectos da vivência e do conhecimento humanos refletidos na concepção de Gramática e, principalmente, em sua função no ensino de Língua Portuguesa da época. Mais diretamente falando, buscaremos

---

[9] O título do texto foi inspirado em Eça de Queiroz, em sua conferência pronunciada em 1871, no Cassino Lisbonense, sobre o Realismo na Arte: "O Romantismo era a apoteose do sentimento; o Realismo é a anatomia do caráter." (Proença Filho: 1969)

relacionar traços do clima de opinião com a obra de Ernesto Carneiro Ribeiro, "Serões Gramaticais", e verificar em que medida esse compêndio de ensino traduziu (ou não) os anseios do período.

É certo que os valores consagrados na primeira metade do século, centrados num subjetivismo às vezes exagerado, haviam propiciado grandes conquistas sociais e artísticas. Todavia, para os espíritos de quem via neles uma força motriz que os tornava frágeis, por anularem uma visão mais crítica da realidade, tais valores haviam chegado à exaustão.

De fato, há princípios que nos levam a conquistas positivas, as quais, para se manterem, exigem a transformação do ideário que as gerou: paradoxos da História... E então, as antigas diretrizes, com força de ruptura, foram inicialmente substituídas pela objetividade, pela necessidade de investigar, de perscrutar o comportamento humano, sem o véu da verdade idealizada pela emoção.

É difícil desvincular o **pensamento filosófico das Ciências,** visto terem sido cientistas – o sociólogo Comte, o fisiólogo Claude Bernard, o geólogo e biólogo Spencer, o naturalista Darwin e o filósofo, crítico e historiador Taine – aqueles que nos legaram as raízes das reflexões filosóficas atuantes na segunda metade do século. Mas sem considerar as especificidades inerentes às Ciências acima citadas, é possível, em síntese, aglutinar os traços predominantes no clima cultural da época em torno de um centro irradiador: a concepção anti-espiritualista da realidade, ou seja, a concepção materialista.

Ora, a negação de Deus e da alma e a consideração da matéria, incriada e eterna, como fundamento do mundo, excluíram os estudos metafísicos, de sorte que o homem, sem o toque transcendental tão enaltecido pelos românticos, passou simplesmente a integrar o Cosmo, intimamente a ele associado como um todo, sujeitando-se em igualdade de condições aos mesmos princípios e às mesmas leis do Universo.

Tal concepção abrigou o Positivismo, doutrina fundada por Comte, segundo a qual o ser humano poderia somente valorizar os dados concretos e prováveis pela experiência, sem indagar-lhes os porquês, uma vez que as causas exteriores aos fenômenos constituíam instâncias fora da cogitação científica. Isso era a Realidade, e o Homem, para captá-la objetivamente, deveria observá-la bem, seccioná-la e analisá-la com precisão. Os fatos psicológicos, inclusive, estavam sujeitos a tal tipo de "anatomia", no caso, do "caráter", como bem conceituou Eça.

Na esteira desse materialismo, interessam-nos mais de perto os pensamentos de Taine e do historiador Hayes, pela influência exercida no campo da Língua. O primeiro, diferentemente de Darwin, que defendia a evolução permanente das espécies, aliou-se à ala que acreditava na imutabilidade das características herdadas; "determinismo" que submetia o comportamento humano à herança, ao ambiente e às circunstâncias. O segundo, ratificando tal posição, afirmava que as últimas determinavam rigidamente a natureza dos seres vivos e que nem a vontade nem a razão poderiam agir independentemente de seu condicionamento ancestral.

É evidente que tais acenos ao passado traziam em seu bojo o valor da História, disciplina que afetou também os **estudos lingüísticos,** cuja produção marcou-se fortemente por sua objetiva presença no âmbito do Comparatismo. O lingüista alemão Schleicher, por exemplo, ao escrever uma Gramática Comparada das línguas indo-européias (1861) reconstruiu o indo-europeu primitivo, associando a língua a um organismo vivo e afirmando, inspirado em Darwin, que as línguas nasciam, cresciam, envelheciam e morriam.

Mas foram os neogramáticos, seguidores dos positivistas, que se distinguiram lingüisticamente nessa época. O princípio desse grupo de estudiosos defendia que as leis fonéticas não comportavam exceções, visto serem imutáveis e universais. Na evolução, as leis só admitiam variação em conformidade com outras leis gerais, mas nunca particulares, porquanto o indivíduo seguia as "leis" da Natureza e do Universo. Dessa forma, os lingüistas limitaram-se a considerar os fatos da língua como um conjunto de fenômenos a serem descritos e tomados independentemente dos falantes.

Foi Saussure uma grande figura do século XIX. Construiu um cabedal de conhecimentos lingüísticos iniciado entre os comparatistas e continuado entre os neogramáticos, com os quais rompeu, ao ver a língua antes como um fenômeno social do que como um fenômeno biológico. Ocorre que sua obra publicada em vida seguiu ainda o tradicional caminho histórico, e a verdadeira revolução que implantou no final do século XIX só atingiu um público mais amplo quando seu "Curso de Lingüística Geral" veio à luz em 1916, após sua morte. Deixemos, então, essa personalidade para o século XX.

A **História** e outros campos do saber também foram abordados a partir dos princípios positivistas. O Brasil, por exemplo, que professou a doutrina mais que a própria França (segundo estudiosos), teve em Oliveira Lima e Capistrano de Abreu competentes escritores da história pátria; na filosofia, o mentor foi Tobias Barreto; na política salientaram-se Nabuco e Benjamim Constant, figuras atuantes no Abolicionismo e na República, respectivamente; na história literária, cita-se constantemente Silvio Romero.

Foi graças também a esse clima cultural que se incrementaram inúmeras pesquisas no campo da Física, Química, Biologia e Medicina, áreas em que o dado concreto e objetivo funcionou como matriz; campos que, como veremos mais adiante, influenciaram Ernesto Carneiro Ribeiro na produção de seus

"Serões Gramaticais". Foi nessas áreas que as conquistas, além de revelarem o poder da Ciência e do Homem que via nela a pedra fundamental do conhecimento, tornaram também o mundo menos ameaçador para uma sociedade que já contava com o apoio dos estudos do neurologista Charcot e do psiquiatra Freud.

Aliás, foi muito em nome dessa sociedade que o cientificismo atuou em termos **políticos,** e para explicá-los, retomemos alguns dados. A exclusão da Metafísica, como vimos, alijara do pensamento filosófico qualquer instância transcendental. Então (e aqui não entraremos no que explicam a Antropologia e a Psicologia), tornou-se necessário considerar "um ser" aglutinador das forças que justificavam os valores da época.

O Positivismo, mais uma vez, com ênfase no social e com cores bem diferentes daquelas vividas pelo Romantismo, passou a pregar a "religião da humanidade", em cujo centro nada havia de "a priori" ou "teológico". Havia, sim, o "Grande Ser", a personificação da Humanidade passada, presente e futura; Humanidade que nada mais era do que a empírica Sociedade.

Substituindo, então, a "caridade" (virtude teologal) e o sentido de "moral" (reflexos transcendentais) pelo "altruísmo" (movimento interior humano que prega o amor ao próximo, a filantropia e a justiça social), é fácil relacionar essa visão com as duas conseqüências básicas de nossa política na segunda metade do século: a Abolição da Escravatura e a Proclamação da República, frutos de uma aristocracia já corroída desde a primeira metade da centúria, que então se fecha com um não-servilismo nem ao rei nem ao clero, mas com a luta por uma sociedade mais igualitária. Dois movimentos de cunho político, conseqüências dos dois anteriores, abalaram ainda o país: a Questão Religiosa (cisão entre a Igreja e o Governo) e a Questão Militar (cisão entre o Exército e o Imperador).

Relações podem ser estabelecidas entre os movimentos políticos e a **situação econômico-social** na segunda metade do século XIX, que se ressentiu fortemente da abolição da escravatura. Façamos um retrospecto.

Durante a época colonial, as fontes da economia brasileira baseavam-se na exportação de produtos agrícolas, assegurada nas condições do solo fértil, na extensão da terra e na fácil mão-de-obra escrava: certeza de um mercado consumidor que alimentava a burguesia. Essa invejável situação econômica, entretanto, passou a enfrentar entraves: de um lado, porque o Brasil não possuía industrialização, dependendo da Inglaterra para adquirir bens manufaturados; de outro, porque esse mesmo país opôs-se ao tráfico negreiro, cortando nossa fonte humana de cujo trabalho a exportação dependia. A imigração veio em nosso auxílio, mas não de forma tão tranqüila e tão barata como na escravidão. Era urgente "fabricar", mas isso aconteceu somente no século XX.

Muitos fatos econômico-sociais ocorreram nesse contexto, cujo resumo poderá ser visto assim: a sociedade sofria as conseqüências de uma situação contraditória; de um lado, o aperto econômico (fruto da queda da comercialização do café) e a ausência de industrialização cerceavam a vida de certo estrato social; de outro, a burguesia endinheirada e a camada ainda pertencente à aristocracia rural, que marcava posição numa já superada atividade agrícola monocultural, viviam no fausto, nas freqüentes viagens à Europa, em geral, e à França, em particular, onde a vida e a Arte já apresentavam rumores libertários, calcados no cientificismo da época.

E, ao aludirmos à **Arte**, revejamos o entrecruzar de tendências da época a partir de três fontes perenes de indagação do ser humano: o que é a Verdade, o Bem, o Belo? Perguntas, aliás, cujas respostas atravessam toda uma gama de interesses humanos.

Retomando os parágrafos em que contextualizamos os princípios filosóficos e científicos, é possível concluir que, literariamente, a Verdade também se resumia na realidade exterior, independentemente de razões particulares.

O Bem consistia em servir a sociedade por meio de atitudes engajadamente combativas e críticas; em não refugiar-se romanticamente diante de uma realidade indesejável, mas em interpretá-la objetivamente e em reagir diante dela. Cabia, pois, ao escritor, numa prosa documental (ou quase), conscientizar o Homem das verdades essenciais, universais e eternas, as quais o indivíduo não transformaria, e das quais não fugiria, visto sua condição sem privilégios. Fazia o bem, portanto, aquele que tentasse ajudar o ser humano, apontando, numa determinada sociedade, as causas que o levavam a comportamentos desastrosos, provocados pelas falhas econômicas, políticas, sociais e culturais mantidas pelo sistema.

Seria Bela a obra que traduzisse esses valores por meio de uma linguagem próxima da realidade; clara, equilibrada, correta gramaticalmente e preocupada com minúcias, como índices do desejo de <u>fidelidade</u> – característica, aliás, também expressa nos quadros de Courbet, que apresentou, em 1865, quarenta obras intituladas "Realismo".

No tocante à prosa literária, Flaubert, Eça de Queiroz e Aluízio Azevedo, em épocas diferentes, inauguraram o movimento realista, que abrigou consagrados escritores cujas obras se imortalizaram pela sutileza na análise do caráter humano e das causas do seu comportamento.

A mesma linha científico-determinista seguiu a prosa do Naturalismo, que teve em E. Zola, na França, e em A. Azevedo, no Brasil, seus mais conhecidos representantes. A esse movimento literário, cujo programa de luta social polarizou-se na patologia humana e não em sua biologia, interessava o desequilíbrio psíquico e sexual, a criminalidade, o adultério etc, a ponto de considerar o homem um "caso", e de fazer da literatura um campo não documental, mas experimental.

Quanto à poesia, distinguiram-se dois caminhos básicos: igualmente pragmática e engajada no social foi a poesia "realista", bem diferente da "parnasiana" que, se de um lado acatou a objetividade e o universalismo positivistas, por outro negou o pragmatismo realista, vivendo a "Arte pela Arte". Outros parnasianos, ainda, embora mantivessem a "forma" preconizada pelo movimento, "resvalaram" para o romantismo, como atestam vários sonetos bilaquianos. Enfim, convergências e divergências...

Já nas décadas de 80 e 90, mais recorrências e oposições manifestaram-se no mundo poético, a evidenciar a insatisfação do Homem que já não sentia como verdadeira a Verdade da época: na França, e em seguida em Portugal e no Brasil, surgiu o Simbolismo. Entrecruzando tendências parnasianas pelo apuro da forma (mas não com a mesma finalidade) com o subjetivo e o místico (mas não como os românticos), a poesia simbolista centrou-se no inacessível, no inefável, no sonho, na contemplação, tudo traduzido na sugestão evocativa dos sons; poesia pura para os adeptos dessa forma de vê-la. Assim, voltou o homem a recuperar uma Verdade antiga, a subjetiva, porém de maneira mais profunda do que aquela vivida no período romântico: recorrência, é certo, mas com outra perspectiva.

Ainda nesta segunda metade de século, mais um outro movimento artístico enriqueceu esse tão complexo panorama: o Impressionismo, que teve na pintura sua soberana expressão, e na França, seu berço. Caracterizando bem a época, seus adeptos mantinham ainda na realidade concreta e exterior o ponto de partida. Com espírito cientificista, o pintor procurava observar e fixar as constantes modificações que a luz do sol produzia nas cores da natureza, de acordo com o ângulo de incidência de seus raios. Entretanto, o que se pretendia, com efeito, era registrar não o fato observado de forma impessoal e minuciosa, mas a reação, a impressão provocada por ele no instante em que a emoção trazia à tona uma vida interior; instante único e irrepetível, capaz de recuperar frações de um tempo perdido, em uma atmosfera pincelada a meios tons. Em outras palavras, tais percepções, transformadas em arte, consistiam em captar, com traços fugidios, o rápido efeito da incidência da luz sobre os objetos. Eram verdades "do momento"; era um contínuo mudar-se, como a vida; e como a vida, um contínuo vir-a-ser.

Se na pintura o movimento impressionista mostrou-se mais delineado e mais autônomo, o mesmo não se dirá da literatura, pelo menos em Portugal e no Brasil. Segundo estudiosos, essa vertente não se marcou pela abrangência em uma obra, mas por "momentos" aflorados aqui ou ali em obras consideradas antes como realistas, naturalistas ou simbolistas. Assim ocorreu com Eça, em "O Primo Basílio", com Raul Pompéia, em "O Ateneu" e com Machado, na última fase de sua produção literária. Enfim, esse fugidio, esse efêmero das coisas também foi captado pelo toque sutil das notas musicais de Claude Debussy, mestre francês que alcançou sugerir emoções ao extrair "a cor do som".

Foi na efervescência dessa segunda metade do século, repleta de insatisfações e de inovações científicas e artísticas, que os gramáticos Júlio César Ribeiro, João Ribeiro, Ernesto Carneiro Ribeiro e Maximino Maciel publicaram suas obras: "Grammatica Portugueza"(1881); "Grammatica Portugueza"(1887); "Serões Grammaticaes" (1890) e "Grammatica Descriptiva" (1894), respectivamente.

Com relação aos mestres citados, vamos resumir o que disse o Prof. Silveira Bueno (1968), catedrático de Filologia Portuguesa da USP: quanto a Júlio Ribeiro, o mestre classificou-o como um "desbravador" de caminhos, pela abordagem científica no trato gramatical; quanto a Maximino Maciel, Silveira Bueno o viu como o mais moderno gramático, um verdadeiro "orientador" nas novas sendas abertas por Júlio Ribeiro, embora, infelizmente, sua obra não tenha alcançado a projeção merecida: fruto, talvez, da incapacidade daqueles que preferiram continuar no ramerrão gramatical a acompanhar os passos de quem realmente estava anos adiante de seu tempo; quanto a João Ribeiro, Silveira Bueno no-lo apresentou como o melhor professor da matéria, cientificamente baseada na lingüística e na filosofia. Entretanto, fez-lhe uma restrição: o fato de João Ribeiro ter desenvolvido simultaneamente duas diretrizes, a expositiva e a histórica, que, a seu ver, era um caminho anacrônico.

Grifamos os nomes dos três gramáticos que, de uma forma ou de outra, mereceram e ainda merecem consulta e citação. Nenhuma referência a Ernesto Carneiro Ribeiro (E. C. R.) cuja gramática, então, sentimos como instigante conhecer e apreciar, motivadas não só pelos depoimentos do filho do autor, como veremos a seguir, mas também pela difusão da obra, pelos menos até a década de 1950.

Em termos de "contexto geral", já desenvolvido, buscamos relacioná-lo com a obra em questão sempre que possível; quanto à "imanência", procuramos respeitar o enfoque privilegiado pelo autor, o histórico, próprio da época, e, quanto à adequação, tentamos elaborar algumas idéias relacionadas com o sentido de "humanismo" proposto por Boaventura (2001)

E. C. R., nascido e falecido na Bahia (1839-1920), lançou a 1ª edição de seus "Serões Gramaticais" em 1890. Reconhecido filólogo, dedicou-se às Letras e ao magistério no tradicional "Collegio Estadual da Bahia" e na "Faculdade de Philosophia" do mesmo Estado, por longos anos. Foi professor de Castro Alves e de Rui Barbosa, com quem manteve acirrada polêmica, com réplica e tréplica, sobre a redação do Código Civil. A esse respeito, escreveu várias obras cujos títulos não seria, em nosso caso, necessário elencar. Mas é importante sabermos o motivo do confronto: o fato de Rui escrever seus textos com linguagem empolada, repleta de ademanes não condizentes com a natureza do texto (que deveria ser claro), com a época e, sobretudo, com a "nossa" sintaxe, já distante da lusitana e já identificadora de um povo. A esse assunto voltaremos mais adiante.

A consulta feita sobre o autor focalizou-o bem mais como protagonista de férvidas discussões a respeito da Língua no campo jurídico do que como gramático, de maneira que não foi possível obter muitas informações a esse respeito. Como homem de Letras, E.C.R. deixou-nos obras que atestam bem a absorção do que veio antes e do que vigorava na época, levando-nos a rememorar o clima de opinião dos séculos anteriores para bem avaliá-lo.

Assim, pelo título, a obra "Gramática Portuguesa Filosófica" (1881) fez-nos supor que E.C.R. tenha abordado a Língua de forma abstrata, centrando seu estudo no sentido das palavras, em sua função e em seu valor lógico; linha de abordagem, aliás, usual em séculos anteriores e mais tarde abandonada pelo autor, talvez por considerá-la "sem utilidade prática real, cheia de abstrações vagas e ociosas" – como caracterizou, em seu Prólogo, as gramáticas filosóficas.

Entretanto, em "Origem e Filiação da Língua Portuguesa", já está claro o intuito histórico-comparativo tão em voga na primeira metade do século XIX, completado, posteriormente, pelos "Serões Gramaticais", obra em que o autor se baseou de forma fecunda na História, dando-lhe, contudo, um cunho positivista e evolucionista: um caminho intelectual compreensível, segundo os vários climas de opinião anteriormente expostos.

Mas por que "Serões Gramaticais" e não simplesmente "Gramática da Língua Portuguesa", título mais em voga na época?

O próprio E.C.R. explica-o no Prólogo. Foram horas a fio de pesquisa e de redação pelas madrugadas adentro; horas de "serão" roubadas a um repouso merecido após dias inteiros de estafante trabalho dedicado ao Direito e ao magistério da Língua, pelo qual batalhou quase até o final da vida.

Contudo, o título trouxe-nos certa indecisão quanto a classificar a obra: seria uma Gramática Histórica? Expositiva? Normativa? Ou seriam anotações esparsas atendendo à ampliação cultural do povo, ou às dúvidas desse mesmo povo? Perguntas-chave, visto que reflexões iniciais sobre a obra dependeriam de seus princípios e de seus objetivos.

A leitura do Prólogo dos "Serões", de sua Introdução e de seu Índice pormenorizado mostrou-nos ser uma obra eclética, não caracterizada especificamente por nenhum tipo de Gramática, fato que nos levou a concluir, pelo menos inicialmente, serem os "Serões" um livro de conhecimentos lingüísticos integrados. Verificaremos essas afirmações mais adiante, quando tratarmos particularmente da obra.

De qualquer forma, o livro, considerado na época como uma "gramática" a ser seguida, mereceu cinco edições, com grande número de exemplares. Para a análise da obra, baseamo-nos na 5ª edição, publicada em 1950, mas, para a análise de seus princípios norteadores, baseamo-nos no Prólogo escrito pelo autor em 1890.

De acordo com o depoimento do filho do autor, que redigiu o Prólogo da 4ª edição, a obra alcançou uma "dimensão interativa", diríamos hoje. Perguntas, sugestões e críticas não faltavam ao mestre, e a rapidez com que se esgotavam os manuais era tanta, que pouco tempo sobrava para uma revisão cuidadosa da edição seguinte. Isso porque E.C.R., estudando sempre, respondia às solicitações, eliminava partes e acrescentava outras (baseado normalmente em sua erudição), refundindo constantemente a redação e dificultando, assim, o trabalho editorial, prejudicado inclusive na época da 1ª guerra.

Conversas com antigos professores atestaram a importância dos "Serões": foi obra de consulta em Escolas Normais, de norte a sul. Como exemplo, tomemos, em São Paulo, as consagradas Escola Normal do Brás (atual Pe. Anchieta) e a "velha" Escola Normal da Praça (a Caetano de Campos), que abrigaram em seu corpo docente figuras renomadas, as quais, por sua vez, ensinaram a Língua a também conhecidos professores, políticos e escritores.

Olhemos agora mais de perto os "Serões Gramaticais". Para o autor, quais os conceitos de Língua, Linguagem e Gramática? Como esta ficou dividida?

A **Língua** ou idioma é vista como "a linguagem articulada de um povo ou de uma nação".

"**Linguagem** é o conjunto de sinais pelos quais o homem manifesta os seus pensamentos. Entre os sinais contam-se os gestos, os movimentos dos músculos do rosto, os caracteres escritos e os sons articulados". Os caracteres escritos ou sinais gráficos formam a escritura. À formação dos sons dá-se o nome de articulação, e os sons articulados, ou sinais fonéticos, formam a palavra. Portanto, segundo o autor, a linguagem manifesta-se pelo gesto humano, pela escritura e pela palavra. E ele acrescenta:

> *"Verdade é que, como fazem os outros animais, pode o homem exprimir seus sentimentos e pensamentos por gestos, movimentos, gritos inarticulados e interjeições naturais. Mas a linguagem articulada é o mais nobre, o mais característico atributo da espécie humana; é por ela que se tornam realizáveis as operações do espírito. É por meio de escritura e da palavra que os homens se comunicam, essencialmente, entre si."*

A **Gramática** pode ser considerada de duas maneiras: vista de modo <u>teórico</u>, é definida como "a ciência da linguagem", tendo por objeto o estudo das leis ou normas segundo as quais se exprime o pensamento pela linguagem escrita ou falada. Considerada de modo <u>prático</u>, é definida como a "arte da linguagem".

Tipos de Gramática – Teoricamente, a Gramática recebe várias denominações, de acordo com o objeto de seu estudo. Assim, distinguimos:

a) GRAMÁTICA GERAL – atém-se aos princípios universais e invariáveis, reguladores da linguagem; estuda fatos e leis numa ampla dimensão. A Gramática geral é "uma", apenas.

b) GRAMÁTICA PARTICULAR – limita-se à exposição dos fatos de uma língua determinada (portanto, há várias), aplicando a ela princípios que são o objeto da gramática geral, embora orientados para os usos e para as instituições mais ou menos arbitrárias do idioma em questão. A Gramática particular pode ser elementar ou filosófica, dependendo, diríamos, da <u>amplitude</u> de considerações a que cada uma se propõe.

Será <u>Elementar</u> quando se cingir ao estudo das regras e instituições próprias do idioma em questão, sem que remonte às leis e aos princípios gerais que, no fundo, o regem. É comum denominar tal Gramática de "expositiva", "descritiva", "metódica" ou "prática", porque expõe, descreve, classifica e organiza metodicamente os fatos da língua, estabelecendo regras e preceitos para seu emprego.

Será <u>Filosófica</u> quando estudar as regras e instituições de um idioma ligando-os aos princípios gerais, que são os seus fundamentos; "princípios de uma verdade imutável, comuns a todas as línguas, sempre idênticos como as leis constitutivas da humanidade, que é sempre uma, idêntica, igual a si mesma".

c) GRAMÁTICA HISTÓRICO-COMPARADA – estuda os idiomas investigando-lhes as semelhanças e particularidades, comparando fatos, transformações, filiação, desenvolvimento e evolução histórica de duas ou mais línguas.

A Gramática Portuguesa. A partir dos princípios que regem a Gramática particular, E.C.R. propôs seu conceito de Gramática Portuguesa: "é a disciplina ou arte de ler, falar e escrever corretamente a língua portuguesa. Seu objeto é o estudo metódico dos fatos da linguagem e das leis a que esses fatos obedecem no que respeita à nossa língua."

Entretanto, baseado em autores franceses (principalmente em Ferdinand Brunot), nosso gramático viu tal conceito como redutor. Na verdade, a Gramática não deveria ensinar apenas a ler, falar e escrever bem a língua atual; essa sincronia a faria incompleta. Diz o autor, dirigindo-se aos leitores: "... é mister que a Gramática nos permita compreender a língua de vossos pais e apreciar as obras de todos os nossos escritores, por velhos de muitos séculos que sejam. A Gramática deve, pois, nesse sentido, ser histórica, desenvolvendo estudos sobre a origem da língua e sobre suas transformações até o momento atual." Em síntese, esse é o tema de sua gramática

Portanto, para E.C.R., a Gramática da Língua Portuguesa deveria ser um todo que abrigasse dois aspectos: Ciência e Arte, cujos conceitos, segundo Fávero (2001), relacionam-se com os de gramática geral e particular. Vejamos.

A autora, que se baseou em escritores da Antigüidade greco-romana, expõe-nos que a Ciência liga-se à teoria, cuja atitude especulativa conhece as coisas por suas causas, não por seus efeitos. A prática, por sua vez, relaciona-se com a Arte, vista como habilidade para se fazer algo; é o trabalho do artesão que "molda" e que conhece as coisas por seus efeitos, não por suas causas.

Ainda segundo Fávero, apoiada agora nos Enciclopedistas, a gramática geral lida com a natureza do pensamento e da razão gerando verdades imutáveis e universais; é natural, então, que esteja relacionada com a língua como Ciência, cuja base é a teoria. A gramática particular atém-se ao saber moldar esses aspectos segundo as convenções arbitrárias dos povos, é certo que esteja relacionada com a língua como prática e, portanto, como Arte, como "movimentos de linguagem", diríamos, que refletem épocas e indivíduos. E a história da língua, para E.C.R., alicerçaria ambas essas diretrizes.

Divisão da Gramática
(O quadro já é resumitivo e interpretativo)

1. Fonologia ou Fonética

2. Lexicologia   Etimologia
                  Taxionomia
                  Morfologia
                  Semântica

3. Sintaxe ou Fraseologia

4. Ortografia

FONOLOGIA ou FONÉTICA é a parte da Gramática que estuda os sons constitutivos das palavras, levando em conta as suas transformações. Considerada como complemento dessa parte, o autor vê a ORTOGRAFIA, cujo objeto é a representação dos sons por meio de caracteres gráficos.

LEXICOLOGIA é parte de ampla tarefa. Trata das palavras consideradas em seu valor, que se traduz nas mais diversas formas:

1. na Etimologia – estudo da origem e das formas primitivas dos vocábulos;
2. na Taxionomia – nome herdado da Botânica, que indica "classificação"; no caso, das palavras;
3. na Morfologia – estudo da estrutura e flexão das palavras, levando em conta sua transformação também;
4. na Semasiologia ou Semântica – estudo das transformações de sentido pelas quais as palavras passaram e passam atualmente.

O autor relacionou também a Lexicologia à ORTOGRAFIA, visto que o estudante, para representar bem seu pensamento por escrito, deveria conhecer a etimologia, a morfologia e a semântica.

SINTAXE ou FRASEOLOGIA – estudo das relações das palavras entre si, construindo frases e proposições. Mais uma vez, para esse fim, concorre a ORTOGRAFIA, que, através da Lexicologia em termos morfológicos, organiza a Sintaxe; no mínimo, a de concordância.

Os conceitos acima expostos, reiterando em todas as partes da Gramática as palavras "modificação", "transformação" propuseram-nos algumas reflexões.

No último capítulo da "Lexicologia", E.C.R. colocou como grande conquista do século XIX e como fundamento do saber lingüístico a indução histórica, apoiada em leis fonéticas e no estudo comparativo das palavras. Essa afirmação levou-nos a revalorizar os conteúdos da História Comparada e da Gramática Histórica e a relembrar o que disse Dubois (1974) a respeito de ambas: o fato de que se fundiram "porque nasceram na época romântica, imbuída de história nacional e de cultura popular".

A relação entre os elementos grifados poderá ser vista assim: por um lado, o clima de opinião mostrou-nos a História como o lugar onde germinaram respostas para as mais diversificadas situações, nas mais diferentes épocas, dependendo do olhar lançado sobre ela. Por outro lado, vimos que E.C.R. foi um erudito cuja formação absorveu conhecimentos da primeira metade do século, e dos anteriores também, mas que se firmou intelectualmente na segunda metade do século XIX, de maneira que não seria romântica sua visão da História, e sim realista, alicerçada nas feições positivista e darwinista das Ciências Naturais. Um trabalho, portanto, de recuperação e de transformação. Fragmentos do Prólogo da 1ª edição atestam tais relações.

"O desenvolvimento que nestes últimos anos têm tido os estudos gramaticais esclarecidos pela <u>gramática comparada</u> levou-nos a empreender este nosso trabalho, que não é senão a gramática portuguesa a que damos uma <u>feição histórica</u>..."

"Hoje, todo o estudo da gramática que não acompanha as observações sobre a história da língua em sua evolução progressiva como um organismo vivo que se não pode subtrair às leis a que está sujeito tudo o que vive, é incompleto e repelido para o puro domínio dos estudos abstratos e metafísicos."

Portanto, "não se podem negar méritos aos <u>estudos positivistas</u> que, afastados do ermo sombrio e intrincado das abstrações vagas e ociosas da lógica, voltam-se para o campo fecundo da <u>observação, do concreto e do real</u>, que deve ser o ponto de partida, a base e o substrato de qualquer ciência".

Pensemos inicialmente na Fonética. E.C.R. não tinha dela a mesma concepção de Voltaire, por exemplo, que dizia ser essa parte da Gramática "uma ciência em que as vogais nada fazem, e pouco fazem as consoantes." Colocação absurda, segundo E.C.R., mas, afinal, embora o autor de "Candide" fosse um gênio, era ainda um homem do séc. XVIII...

Para o autor dos "Serões", a Fonética era uma das partes que mais claramente suportava uma análise baseada em suas convicções científicas: evolução dos sons, ausência de abstração e presença de observação acurada do concreto e do real.

Após a explicação dos conteúdos básicos que geralmente integram a Fonética (o aparelho vocal, a produção de vogais e consoantes etc.), o autor, no intuito de integrar conhecimentos vinculados à História no estudo da Língua, impressionou-nos quanto à importância dedicada à abordagem das "alterações fonéticas", assunto normalmente explorado nos estudos diacrônicos. Afora a quantidade de metaplasmos levantada, o mestre, além de defini-los e de remontar ao latim, étimo mais próximo, muitas vezes trouxe à tona o étimo remoto (sânscrito, grego), até chegar ao português e às várias línguas românticas modernas. Nessa viagem histórico-comparativa, fartamente exemplificada, foi tecendo considerações minuciosas, exigindo do leitor pesquisas paralelas para acompanhá-lo. E as fontes apontadas levavam-nos a teóricos alemães, ingleses e franceses, acompanhadas de obras literárias nessas línguas, além do português (de Portugal) e do latim.

Outro aspecto ligado à História foi a questão da "quantidade silábica". Após uma "aula de latim" sobre suas modalidades clássica e vulgar e sobre vogais longas e breves, o mestre chegou à queda das quantidades silábicas e ao acento tônico. E então, tecendo relações e associações, alcançou a Retórica e a Estilística, ao tratar dos <u>acentos enfático e oratório</u> (ou patético).

A essa altura, evocamos as aulas dos retores Córax e Tísias, que, no século V a.C., ensinavam a seus discípulos a técnica dos discursos, e nela, a importância da *Acta* (gestos, posturas, olhar, expressão facial, <u>inflexão de voz</u>), ao lado da *Inventio*, da *Dispositio* e da Memória... momento (entre vários outros) em que o autor, em sua sincronia, recuperou um passado que se lhe tornou presente; e que depois virou passado; e que, hoje, tornou-se outra vez presente nos modernos estudos de Argumentação e Pragmática, e nos cursos de Retórica espalhados pelo país. É o eco do poder da língua, há tantos séculos descoberto, quando a Retórica, ainda não desvirtuada por alguns, atendia aos princípios que a geraram.

Mas a Lexicologia foi também um campo em que E.C.R. exerceu com grande liberdade suas convicções teórico-lingüísticas, haja vista as 402 páginas dedicadas a essa parte. Tentamos analisar tal predileção, que inclui a Morfologia. Uma passagem do livro de Laroca (1994) explica-nos a importância dessa seção para o autor:

> *"Somente no século XIX, por volta de 1860, a palavra morfologia foi utilizada como termo lingüístico, englobando a flexão e a derivação. Surgiu primeiramente como termo biológico, em 1830, criado por Goethe para designar o estudo das formas dos organismos vivos. O seu uso em lingüística se deve à influência do modelo evolucionista de Darwin sobre os estudos da linguagem. Os gramáticos e filólogos alimentavam o sonho de descobrir a origem da linguagem através do estudo da evolução das palavras em indo-europeu. Houve, então, um interesse crescente pelo estudo sistemático dos processos de formação de palavras, numa perspectiva histórica, pois os gramáticos consideravam as formas mínimas constituintes das palavras como elementos originários.*
> *Para os estudos morfológicos, muito contribuiu também a gramática de Panini (séc. VI a C. (?) a qual pôs os filósofos em contato com a tradição gramatical hindu. A descoberta do sânscrito (antiga língua sagrada da Índia), no fim do século XVIII, permitiu aos estudiosos em exame dessa gramática que, ao contrário da greco-romana, reconhecia a estrutura interna das palavras, depreendendo unidades mínimas como raízes e afixos".*

Ora, uma gramática normativa, por si sincrônica, cita o conceito de raiz, mas nele não se aprofunda, dado seu caráter histórico e etimológico. Para E.C.R., entretanto, o estudo da raiz e dos outros elementos estruturais da "lexis" eram-lhe fundamentais. Primeiramente, pelo fato de a raiz transportá-lo para o significado básico e ancestral da palavra, para o início de sua história e para nossa "herança", digamos. Em segundo lugar, pelo fato de os outros elementos (radical, afixos e desinências) terem uma materialidade "palpável", seccionável, e possibilitarem, assim, uma visão mais "biológica" da Língua. Aliás, diz-nos o autor em seu Prólogo: "A segunda direção para o estudo da Língua atenta mais nos elementos mórficos das palavras, considerando-as sob seu aspecto material; a gramática, então, se torna uma espécie de anatomia ou histologia: estudam-se as palavras como compostas de órgãos; estudam-se para nos exprimirmos, assim, como tecidos desses órgãos; tecidos que nascem, vivem, proliferam ou definham, estacionam ou remoçam; enfim, vivem ou morrem. O gramático, então, já não é um lógico, mas, sim, um naturalista".

Como se vê, para o professor, a palavra representava toda uma história e toda uma vida física. Mas ela também guardava em si toda uma vida que florescia no campo da sensibilidade, pois também respondia por aquilo que Górgias tanto valorizara no século V a.C: o poder da *Elocutio*, ou seja, a Retórica da Expressão, segundo a qual residia na escolha feliz da "lexis" toda a possibilidade de iludir, de eufemizar e de causar prazer lúdico e estético. Compreende-se, então, o tipo de abordagem que fez o autor ao estudar algumas figuras de linguagem: ele não as citou e exemplificou somente, mas as analisou em exemplos nos quais elas "engraçam e aformoseam o estylo".

Em suma, parece-nos que, para E.C.R., a palavra era o "corpo" em que se poderia trabalhar o espaço linear (secção de elementos); o tempo em seu caminhar (a História); o convívio com outros textos (o Humanismo) e o momento (a fruição estética).

E foi tendo a "palavra" como centro que organizamos os outros assuntos em blocos de conhecimento, não seguindo, portanto, a ordem exposta pelo autor, mas ressaltando o aspecto que alicerçou sua obra: a predileção pela História.

No primeiro bloco, destacaram-se a diferença entre língua e dialeto e a apresentação de um estudo sobre as línguas indo-européias com seus ramos e famílias, acompanhado de um quadro minuciosíssimo não encontrado nas gramáticas especificamente históricas mais consultadas; fruto, é certo, de demorada pesquisa.

No segundo bloco, relacionando as histórias externa e interna, e pondo em relevo os latinos, o autor referiu-se à origem desse povo e à de sua língua nas mais diversas modalidades; tratou de alguns aspectos da fonética, morfologia e sintaxe latinas; traçou um painel acerca das conquistas romanas, atendo-se à invasão da Península Ibérica e à sua romanização sob todos os ângulos, acentuando nosso "estrato" e substrato lingüísticos. Depois, discorreu a respeito das invasões germânica e árabe e sobre a formação de Portugal, traçando o histórico da Língua Portuguesa e da constituição de seu vocabulário a partir dos substratos, superestrato e adstrato. Em seguida, alargando o âmbito da palavra (e, sobretudo, o mundo cultural do leitor), E.C.R. chegou a várias expressões usadas na língua, alusivas à mitologia greco-romana e à de outros países, com as devidas explicações.

No terceiro bloco, concentrando-se na história interna da língua, o autor procedeu a explanações mais especificas sobre a queda dos casos latinos, das declinações e de alguns tempos verbais substituídos pelas criações românticas. Quanto às classes invariáveis, num estudo extenso, E.C.R. partiu sempre das formas latinas, com acenos ao grego, retirados da literatura greco-romana, até chegar ao português.

No quarto bloco, o autor procedeu ao estudo da história literária portuguesa e brasileira, tomando como ponto de partida a história política de Portugal. Nessa perspectiva, dividiu a literatura em cinco épocas, indo de 1139 (fundação da monarquia portuguesa) até a primeira parte do século XX. Na realidade, esse bloco não constituiu, tradicionalmente, uma história literária, como o denominou o autor. A inclusão de gramáticos, filólogos, historiadores e sociólogos caracterizou-o bem mais como uma história cultural luso-brasileira.

De qualquer forma, o que mais nos chamou a atenção nesse painel foi a seleção de autores e obras para compô-lo: alguns escritores brasileiros, cujas obras são merecedoras de análise nos mais conhecidos manuais de literatura, não foram sequer citados; outros, entretanto – destacando-se os nordestinos, numa espécie de corporativismo do autor – foram lembrados elogiosamente, mesmo que pouco ou nada conhecidos pela maioria dos leitores.

Vimos no clima de opinião que o Romantismo, o Realismo e o Simbolismo, cada um a seu modo, contribuíram para a criação de uma linguagem nova, reveladora da identidade de um povo e de um indivíduo; e que o Realismo, principalmente, buscou retratar a vida contemporânea com vocabulário mais direto e organização frasal sem inversões que empanassem sua logicidade e nitidez. Resolvemos, então, voltar os olhos para a Sintaxe, por considerarmos a <u>relação entre elementos</u> o lugar onde muito claramente as particularidades de época, povo e indivíduo aflorariam.

Não nos ativemos às várias teorias sintáticas sobre a língua portuguesa, nem às francesas ou inglesas muitas vezes evocadas como apoio, mas, sim, ao farto exemplário levantado pelo autor. Afinal, os exemplos escolhidos atestariam seu ponto de vista quanto à aceitabilidade ou não das construções mais afastadas das imposições externas.

Levando-se em conta a época em que os "Serões" foram sendo elaborados (supomos que durante o Romantismo e, principalmente, o Realismo, pelo seu teor científico), era de se esperar um farto exemplário de obras brasileiras contemporâneas, porque afinal, escritores românticos e realistas o Brasil os teve, e muitos de primeira água. Todavia, os exemplos sintáticos selecionados não espelharam o acato da "emancipação" criada por nossos escritores. E então, quem criticara Rui Barbosa pela servidão sintática lusitana, enredou-se nas próprias malhas.

Para apoiar o purismo fraseológico a ser seguido (os capítulos sobre Sintaxe são espessamente normativos), E.C.R. voltou constantemente às origens de nossa língua: fervem citações em latim, de Ovídio, Cícero, Horácio, Quintiliano e outros; ou de obras portuguesas arcaicas e barrocas, vistas como modelares; ou de românticas com formação clássica, mas quase sempre portuguesas, e não-contemporâneas. Os autores citados são tantos, conhecidos ou não, que seria tedioso mencioná-los. Com exceção de Eça, uma vez apenas referido, e de Machado de Assis, não encontramos mais exemplos realistas, naturalistas ou simbolistas. No entanto, vimos que, embora a primeira edição tenha sido publicada em 1890, o mestre procurou sempre revê-la e atualizá-la...

Se entre os brasileiros o comediógrafo Artur Azevedo foi reverenciado, foi-o porque sua sintaxe e seu fino humor lembravam os franceses. Se Gonçalves Dias foi citado mais de uma vez, isso se deveu às suas obras com sintaxe e vocabulário arcaicos. E quanto a Alencar, que lutara por uma fraseologia mais nacional, a ponto de ter-se envolvido em polêmicas, e de quem E.C.R., no painel de história literária, elogiara o "bellissimo estylo pelo sabor popular", não anotamos um único exemplo. Possivelmente porque sua organização sintática, não prevista pelos mestres portugueses, fosse vista como uma "variação lingüística", um "barbarismo", portanto. E além desses escritores, foram lembrados apenas, entre os brasileiros, Frei Santa Rita Durão, Porto Alegre, Junqueira Freire, Tomás A. Gonzaga e Rui Barbosa.

Uma ressalva: o levantamento do exemplário exposto nos "Serões" não obedeceu a uma minuciosa contagem de autores e de abonações, uma vez que nosso intuito não foi estatístico, mas, sim, numa apreciação geral, observar o que estava mais aparente ou obsessivamente registrado.

Não obstante essa atitude de proteção aos antigos moldes (que veremos mais claramente ao tratarmos do Ensino), a visão lingüística de E.C.R.fez-nos refletir um pouco mais sobre os dias de hoje, remetendo-nos à obra de Boaventura (1987), cuja 12ª edição, publicada em 2001, atesta sua aceitação pela análise percuciente feita a respeito dos paradigmas norteadores do saber.

Fazendo um rápido resumo, a certa altura diz-nos esse autor que um "paradigma emergente" está se impondo, fundado na superação de "parâmetros de ordem" atribuídos, de há muito, às ciências naturais ou sociais. Para Boaventura, tal superação só se resolverá totalmente (e já estamos a caminho dela) pela <u>revalorização dos estudos humanísticos</u>. Revalorizá-los, sim, mas qual o conceito de Humanismo ontem e hoje? Como ler os "Serões Gramaticais" visando à tal revalorização?

Se considerarmos como humanista "o espírito que se apóia no conhecimento científico diversificado, no domínio de várias línguas e, principalmente, no de obras literárias por elas criadas, com culto especial pelas greco-latinas" (Aurélio, s/d), E.C.R. foi um humanista. Todavia, como nos ensina Moisés (1978), se considerarmos como Humanismo "toda filosofia ou visão do mundo centrada na idéia do valor essencial e supremo do homem, em oposição às teorias que privilegiam o Cosmo, a Natureza, a realidade física ou concreta", então E.C.R. não foi um humanista. O mesmo seria dito desse gramático se nos baseássemos em Fernand Gregh (apud Moisés), cujo manifesto publicado no Le Figaro, em 1902, não considerava como humanistas os adeptos de quaisquer ismos, como Empirismo e Positivismo, por considerá-los indiferentes ao profundamente humano.

Na visão de Boaventura, entretanto, tais conceitos, por serem sectários, soam como redutores e ultrapassados, de sorte que não viria ao caso classificar os "Serões" ou seu autor a partir desses princípios, mas de encontrar na obra, como leitores de hoje, aberturas que possibilitem descobrir "categorias de inteligibilidades globais", por meio de interações comunicativas e de intertextualidades auto-organizadas que visem não a dicotomizar o saber e a manipular o mundo, mas antes a integrá-lo para compreendê-lo. A revalorização dos estudos humanísticos estará aí, aprofundando o verdadeiramente humano. Mas como fazê-lo?

Um meio é não se ater ao que a obra "diz", mas como pode "funcionar", integrando conhecimentos e interagindo com o leitor. A percepção do seu tema, por exemplo (nem sempre adotado no momento pelo contexto cultural), é um caminho para isso. Mas para que a leitura "funcione", a visão do tema deve ser alargada, "como uma galeria por onde os conhecimentos progridam ao encontro de outros em busca de novas interfaces". Nesse sentido, propõe-nos o autor que inventemos outros métodos de análise, fora dos previstos, para não cairmos no ramerrão que gera sempre as mesmas análises.

Assim, a imaginação de analogias relacionando a física com a biologia, aquela com a química, esta com a lingüística e assim por diante, é, na visão do autor, um rico caminho de invenção e de inovação científicas, visto que elas não fragmentam o saber; pelo contrário, tudo se comunica para a compreensão do todo. Em outras palavras – e já nos utilizando de uma analogia – parece-nos que os estudos humanísticos revalorizados deveriam constituir as faces de um poliedro que se refletem mutuamente, à sua moda, residindo o todo do conhecimento num jogo de luzes interpenetrado mas ambiente, dependendo de como o leitor entra nesse jogo. E no ponto de vista de Boaventura, o primeiro e essencial comportamento é que nos debrucemos sobre o <u>texto</u>, visto como a mais ampla analogia, a matricial: texto/mundo.

É certo que os "Serões Gramaticais" revelaram o espírito humanista do autor, se virmos Humanismo de maneira tradicional. Entretanto, se quisermos atualizar tal conceito, nós é que precisaremos deitar à obra um olhar diferenciado, analisando seu tema, alargando-o e inventando aproximações, a ver até que ponto ela, a <u>obra</u>, se abre lingüisticamente dando pistas e até que ponto ele, o <u>leitor</u>, é criativo na construção de analogias. Ao fim e ao cabo, cabe a ele ser ou não um humanista. Mas não foi a isso que nos propusemos no momento.

De qualquer forma é inegável o valor dos "Serões Gramaticais", cuja visão básica, afinal, foi não o de seccionar saberes lingüísticos, mas de integrá-los em nome de uma "ciência" e de uma "arte" que só se concretizaria quando o leitor atento equacionasse valores culturais que o ajudassem a conhecer o idioma em sua formação histórica e que, a partir disso, ampliando o valor da História, compreendesse a língua em sua sincronia; e mais: que habilidosamente, como um artesão, soubesse manejá-la. Em outras palavras, o objetivo do autor foi o de mostrar que o amplo conhecimento da língua modela-se a partir de sua visão pancrônica, sustentada pelo domínio dos diversos tipos de gramática; e que tal conhecimento seria adquirido somente quando nos empenhássemos de alma e intelecto ao estudo da língua, mesmo com o sacrifício do corpo pelas noites mal dormidas; noites de "serão".

Em suma, os "Serões Gramaticais" lembraram-nos sabores esquecidos (ou pouco degustados) no estudo integral da Língua. E então nos perguntamos: quando, à maneira atual, proposta por Boaventura, reavivaremos o convívio com outras obras e faremos reflorescer, com outra vida, o que nos deixou como semente de conhecimento lingüístico E.C.R.? Quando releremos seus "Serões" sem o espírito de mera curiosidade, que reveste tanto os estudos de Língua antiga, mas o faremos com os olhos voltados para a construção do "paradigma emergente?" Que analogias descobrir ou "inventar"? Eis um convite para a (re)leitura dos "Serões Gramaticais".

E o que dizer do ensino de Língua Portuguesa nesta segunda metade do século, em geral, e com relação aos "Serões" em particular?

No Brasil, é possível dividir o sistema educacional em duas fases – de 1850 a 1870 e de 1870 a 1894 – por trazerem características distintas em virtude da assimilação cultural européia e da política nacional.

A década de 50 é vista como de grandes realizações, embora restritas à Corte. Um dos passos foi a criação da Inspetoria Geral da Instrução Primária e Secundária do Município da Corte, que deveria fiscalizar e orientar o ensino particular e público. Tal Inspetoria determinava que o ensino primário nas escolas públicas deveria compreender: instrução moral e religiosa, com leituras explicadas dos Evangelhos e da História Sagrada; leitura, escrita e cálculo; noções essenciais de geometria e sistema de pesos e medidas do município. A Inspetoria estabelecia também normas para a liberdade de ensino, além de propor um sistema que preparasse o professor primário para bem executar sua tarefa. Reformulava também não só os estatutos dos colégios preparatórios, que deveriam basear-se nos programas adotados nas escolas oficiais, como também reestruturava os estatutos da Academia de Belas Artes, do Conservatório de Música e das Aulas de Comércio, na Corte.

Não obstante certos avanços, várias eram as queixas apresentadas sobre a escola primária e sobre o ensino secundário. A respeito da primeira, apesar da permitida liberdade de ensino, lastimava-se não só o deficiente número de professores a ele dedicado, como também uma política educacional que não integrava a Corte com as Províncias, faltando às segundas esclarecimentos básicos. Em outras palavras, a liberdade era teórica, porque não havia a possibilidade de exercê-la; de um lado, devido à falta de preparo dos mestres, do outro, devido à preconceituosa visão política do país. Quanto ao secundário, sua deficiência era criticada pelo fato de, socialmente, o ensino dirigir-se de forma predominante ao sexo masculino, e, instrucionalmente, por não ter assimilado as conquistas e o espírito científico da época restringindo-se, mesmo na literatura, a uma visão ultrapassada com métodos excessivamente tradicionais.

Muitos descontentamentos também havia no ensino após o secundário. A Escola Normal, em apenas dois anos, não açambarcava, pertinentemente a seu grau, o arcabouço cultural da época. Quanto aos cursos superiores, vários havia: jurídicos, de medicina, militares, de minas, de marinha, artísticos e religiosos, distribuídos do nordeste ao sul, com preocupações profissionalizantes, mas isolados e, sobretudo, teóricos, embora os cursos jurídicos de Pernambuco e de São Paulo, e a Politécnica do Rio sobressaíssem. Ainda no território pós-secundário, tentava alçar vôo o ensino técnico, agrícola e industrial, ficando, contudo, no nível dos ensaios.

A segunda fase da educação e ensino pode ser dividida em duas épocas: a imperial e a republicana.

Na época imperial, o fato de o Brasil ter passado por grandes mudanças sócio-político-econômicas (inauguração de bancos, de estradas de ferro, da primeira linha telegráfica no Rio, abolição da escravatura, instituição do registro civil de casamento etc.) modificou a situação da mulher, com ressonância na Educação.

Apareceram escolas secundárias particulares femininas, com estudo de línguas modernas, ciências e pedagogia. Aliás, em termos pedagógicos, o ensino transformou-se: com a liberação do credo religioso, as tendências positivistas tornaram-se marcantes, e escolas secundárias e primárias, principalmente, segundo essa linha, tornaram-se modelo para os estabelecimentos de ensino que ainda não consideravam as crianças como seres ativos. Quanto à Escola Normal, chegou-se aos desejados três anos, preparando melhor a mulher para o lar e para a sociedade. Aliás, segundo os princípios positivistas, a mulher a chave para a resolução dos problemas fundamentais do país.

A época republicana assistiu a um grande avanço. Com a descentralização do ensino, a União deveria legislar sobre o Ensino Superior na Capital da República, cabendo-lhe criar instituições de ensino secundário nos Estados e promover a instrução no Distrito Federal. Aos Estados, caberia organizar sistemas escolares completos. Foi nessa fase que o espírito cientificista característico da segunda metade do século acentuou-se. Luzuriaga (1981: 194-209) ensina-nos que, muito embora a visão idealista não estivesse totalmente extinta, Froebel, criador da pedagogia realista, teorizava sobre a educação da primeira infância; Herbart lutava por uma pedagogia científica, e o Positivismo ganhava espaço na organização escolar, cuja Reforma promovida por Benjamim Constant vivia os princípios da Doutrina: liberdade e laicidade no ensino, gratuidade para escola primária, ampliação do tempo dedicado ao estudo (a escola primária ia do 7 aos 15 anos, e a secundária passou a ter 7 anos) – tudo numa formação fundamentada no ideário já anteriormente exposto, em que nos ativemos em marcar bem a preocupação social dessa linha de pensamento.

Afinal, é inegável a contribuição do Positivismo na formação intelectual do Brasil na segunda metade do século; formação apreciável no espírito de pesquisa e na promoção do bem social. Entretanto, tal ideário, que visava a romper com a tradição humanista clássica, não alcançou o êxito desejado, haja vista a obra de E.C.R. O que ocorreu foi um acréscimo de matérias científicas às tradicionais, tornando-se enciclopédico o ensino.

O adaptador brasileiro da obra de Genouvrier e Peytard (1974) acrescenta que, em Portugal, Adolfo Coelho e Gonçalves Viana tentaram renovações no ensino da língua, mas eles mesmos, em virtude da grande erudição, acabaram por contribuir mais para o incremento de pesquisas sobre a fase arcaica da língua do que para seu estudo contemporâneo. Privilegiando a História e a tradição, acentuaram o prestígio da língua literária clássica, e a gramática, dentro dessa linha, continuou com seu forte cunho prescritivo. Mais uma vez, os "Serões Gramaticais" ratificam essa asserção, demonstrando que no Brasil, também, a humanística vista de forma tradicional jamais foi abandonada. Nesse sentido, Marcuschi (1998) afirma que, desde a época do Império até meados do século XX, predominaram no ensino de língua os "modelos" literários bem escritos, os chamados "textos clássicos", coligidos em seletas ou antologias escolares.

Ora, considerando-se como clássico, no caso, aquilo que deve ser seguido, observando-se tais antologias e conhecendo algo da formação intelectual dos vários autores selecionados (donos de um vasto repertório constituído por filosofia, latim, grego, gramática, história e retórica), compreende-se que o magistério conduzisse o aluno pelo mesmo caminho trilhado por esses mesmos seres privilegiados.

Tal caminho, como vimos, incluía a Gramática, que, por sua vez, era também baseada em modelos greco-latinos universalizantes, por estarem alicerçados em princípios lógicos e filosóficos. Gramática com terminologia difícil, abundante e com acentuada atenção voltada para a análise lógica. Aí estava a linha chamada tradicional, apoiada inclusive por E.C.R., que, mesmo parecendo repudiar as "abstrações" e o "vazio" que alimentaram tanto as gramáticas dos séculos anteriores, diz a certa altura de seu Prólogo: "O verdadeiro estudo de qualquer gramática não seria perfeito se as duas direções (a que trabalha com a abstração e com o concreto) não se completassem fundindo-se, encontrando uma na outra a base em que o estudo gramatical se levanta e se sustenta."

Ao lado dessa, como corrente moderna, o ensino enfatizava também o elemento histórico da língua. Moderna, porque voltar à História significava recuperar a ancestralidade, a herança, a hereditariedade; moderna também porque trazia explicações racionais, tão ao gosto da época, sobre fonologia, morfologia e processos sintáticos, tudo numa visão estática e generalizante.

Corroborando essas colocações, Cavalcante (1994) esclarece-nos que, de 1889 a 1930, a educação não apresentou objetivos nem conteúdos nacionais. Isso explicou o fato de os "Serões Gramaticais" evidenciarem um comportamento tão atrelado a Portugal a ponto de, em uma gramática pensada por um brasileiro, e com tanta aceitação na época, ficarem na penumbra nossos escritores antigos, românticos, realistas e simbolistas. Isso explicou também o grande descompasso entre as conquistas teóricas do século e o anacronismo do ensino de Língua, quer porque conhecimentos antigos solidamente estruturados e transformados em prática oferecessem mais segurança, quer porque renovações pudessem contrapor-se a interesses políticos e econômicos.

A Gramática, lembrando o professor Evanildo Bechara, pode funcionar como um instrumento de opressão ou de liberdade. E o mesmo diremos da História e da tradição. Assim, quando ambas apresentarem, do homem, não só suas raízes mais longínquas, como também as da própria terra, mostrando-lhe, numa soma produtiva, sua identidade, sua força e sua capacidade de criar e de crescer de forma adulta, integrando despreconceituosamente passado e presente, a Gramática assim orientada será instrumento de liberdade.

Entretanto, quando História e tradição humanística informarem um conhecimento lingüístico que derive para situações como:

a) o constrangimento e/ou o impedimento aos menos favorecidos para adentrarem o mundo da Língua;
b) a tentativa de frustrar conquistas que possam ser alcançadas por meio do manejo do idioma (arma perigosa);
c) a acomodação no passado, que prefere o já testado e sabido, ao presente, que interroga e atemoriza; uma gramática orientada para essas situações será instrumento de opressão.

A esse respeito seria prematuro um juízo bem formulado sobre os "Serões", embora esteja clara sua feição elitista e prescritiva, ao acentuar fortemente a importância da língua escrita e, nela, a norma culta lusitana, alijando outras variações. Tal afastamento com relação ao que se preconizava política, social e literariamente na época, mostra bem o descompasso entre as descobertas tão avançadas e o que se pretendia, realmente, do educando.

Mas, se a Historiografia Lingüística volta-se para a análise dos mecanismos geradores de uma obra e para a maneira como foram por ela absorvidos, os "Serões Gramaticais" merecem hoje ser revisitados porque representam uma significante faceta dos valores culturais que atendiam à visão da época.

Cronologicamente, chegamos ao final do século XIX. Cronologicamente apenas, porque séculos não estancam espíritos. E essa centúria, justamente por valorizar verdades sob certo aspecto opostas, viveu abandonos, oscilações e reaproximações, revelando o vigor de espíritos sempre dispostos a se colocar em xeque. Afinal, abandonos e reaproximações são sempre proveitosos, quando, num balanço crítico, a "volta transformada" é vista como criadora de outras verdades, assim como pode ser criador também o caminhar para adiante. Foi o que vimos no final do século, quando as manifestações culturais inventavam idas e depuravam retornos, já apontando para a multiplicidade e a riqueza de visões desenvolvidas posteriormente sob a ótica vanguardista do século XX.

Considerações Finais

> O saber não está na ciência alheia, que se absorve, mas, principalmente, nas idéias próprias, que se geram dos conhecimentos absorvidos, mediante a transmutação, por que passam, no espírito que os assimila. Um sabedor não é um armário de sabedoria armazenada, mas transformador reflexivo de aquisições digeridas.
>
> *Rui Barbosa*

Ensina Koerner (1996:47) que o objeto de estudo do historiógrafo lingüístico *"são as idéias sobre a linguagem e proposições para sua descrição e explicação."* É seguindo esse ensinamento que as autoras desta obra buscam discutir a concepção de gramática que, do século XVI ao XIX, é construída por estudiosos da Língua Portuguesa. Orlandi (2001:9), por sua vez, destaca que a construção de uma gramática ou de um dicionário estabelece incontinenti a questão do ensino, determinando não só a aplicação desses instrumentos na instituição escolar mas principalmente a constituição do saber e da língua na escola.

Dessa forma, vê-se que focalizar gramáticas produzidas nesses quatro séculos é, concomitantemente, lançar-se o olhar sobre o ensino da língua e sobre as concepções gramaticais que o orientaram. É esse o objetivo pretendido neste trabalho, que, para ser concretizado, segue os princípios e critérios propostos pela Historiografia Lingüística.

Nesse sentido, pela observância do princípio da contextualização, é possível reconstruir-se o espírito de época ou a visão de mundo dominante em cada um dos séculos estudados, explicitando linhas-mestras em torno das quais o clima de opinião é construído. Assim, o século XVI caracteriza-se como o período da consolidação da Nação Portuguesa e como o registro da sua língua nacional; o século XVII, como o momento do domínio espanhol em Portugal e a luta incessante dos portugueses pela reconquista da liberdade; o século XVIII, como a fase da modernização do Estado português pela influência de idéias iluministas, sob a liderança do Marquês de Pombal, e o século XIX, como o período do surgimento do Estado brasileiro e a defesa de uma língua nacional, dando-lhe identidade.

Levando-se em conta esses cenários, são analisadas as fontes primárias selecionadas, gramáticas significativas em cada um desses séculos, a partir de categorias que emergem dos próprios textos em observação. São focalizados os seguintes aspectos ou categorias: conceito de linguagem, conceito de gramática, tipos de gramática, a estrutura da obra estudada e seus conteúdos principais e, finalmente, a concepção de ensino da língua materna, proposto pelo gramático ou implícito em seu trabalho. Vê-se, assim, que o princípio da imanência é também seguido. A relação clima de opinião e descrição / explicação da gramática permite caracterizar-se não só a obra em estudo em uma dada época mas também a concepção de ensino da língua que dela decorre. Finalmente, são feitas aproximações com modernas teorias sobre a linguagem e a aprendizagem, objetivando a valorização do objeto sob análise e o melhor entendimento pelo leitor moderno. Observa-se aqui o princípio da imanência. Assim, Casagrande utiliza em seu texto fundamentos da Lingüística Estrutural para clarear sua exposição. Bastos e Palma, por sua vez, com o mesmo objetivo, servem-se de elementos da Análise do Discurso. Zanon e Faccina mostram, à luz dos PCNs, como a obra de Reis Lobato serviu de instrumento para regulamentar as leis propostas por Pombal. Mello Franco fundamenta-se nos trabalhos de Ausubel sobre aprendizagem significativa, apontando a atualidade do pensamento de Frei Caneca. Ricciardi, no sentido de elucidar as idéias de Ernesto Carneiro, apoia-se em Boaventura Santos, sociólogo da ciência, discutindo mudanças de paradigmas. Desse modo, o princípio da adequação é também aplicado pelas autoras.

Além da obediência a esses princípios, também são respeitados os seguintes passos investigativos: seleção: escolha de gramáticas; ordenação:organização cronológica dos documentos estudados; reconstrução: reconstituição do conhecimento lingüístico dos documentos selecionados e interpretação crítica de sua produção considerando-se o espírito da época em que foram produzidos e, finalmente, a busca das dimensões cognitiva – determinação das linhas teórico-metodológicas, que orientaram a produção em estudo – e social – explicitação da relação dos gramáticos estudados com a visão de mundo sua época

A busca do objetivo visado permite, a partir da seleção de gramáticas consideradas "representativas" em sua época, tanto pela tradição que mantiveram quanto pelas mudanças que apresentaram, que se desenhe um quadro do processo de gramatização em Língua Portuguesa ao longo de quatro séculos. É importante destacar-se que esse período faz parte da *segunda revolução técnico-lingüística* (Auroux,1992:35), caracterizada como um longo processo de produção de gramáticas e de dicionários, que se estende do século V d.C. ao fim do século XIX. A marca distintiva dessa *gramatização massiva* (Auroux,

Considerações Finais

1992:35) é ter uma base única, qual seja, a tradição greco-latina, criando uma extensa rede homogênea de conhecimentos lingüísticos.

Nesse sentido, pode-se dizer que se caracterizam como estudiosos da ciência da linguagem, na sua vertente gramatical, herdeiros da tradição greco-latina, nomes como Fernão de Oliveira, Amaro de Roboredo, Antônio Reis Lobato, Frei Caneca e Ernesto Carneiro Ribeiro. Representam eles dois momentos distintos, mas estreitamente relacionados da gramatização em Língua Portuguesa: o do registro da Língua Portuguesa, por meio de instrumentos tecnológicos (cf. Auroux:1992:65) como decorrência da afirmação de Portugal como Nação e o da constituição do Estado brasileiro e a busca de uma língua nacional como forma de se firmar o Estado nascente. Em ambos os casos, o princípio *uma língua, uma nação* é determinante para a sua sobrevivência como Estados, daí a necessidade da aprendizagem e do uso de uma língua oficial como obrigação para os cidadãos, o que implica a sistematização, logo a gramatização. Esse processo, de caráter metalingüístico, tem por objetivo a descrição e a instrumentalização de uma língua com base em dois suportes tecnológicos: a gramática e o dicionário. Assim, é importante destacar-se que, das tecnologias que fundamentam a gramatização, este trabalho focaliza apenas um deles, a saber: a gramática. A gramatização, centrada no *bom uso*, levará, paulatinamente, ao desaparecimento das variantes de uma mesma forma. Nesse sentido, afirma Auroux (1992:69):

> *A gramática não é uma simples descrição da linguagem natural, é preciso concebê-la também como* instrumento lingüístico: *do mesmo modo que um martelo prolonga o gesto da mão, transformando-o, uma gramática prolonga a fala natural e dá acesso a um corpo de regras e de formas que não figuram junto na competência de um mesmo locutor.*

Analisando os autores escolhidos, pode-se verificar que essa preocupação está presente em seus trabalhos, o que nos mostra que os preceitos da gramatização mantêm-se ao longo dos séculos. Retomando-se o conceito de gramática de cada um desses estudiosos, pode-se perceber mais claramente essa obediência à tradição.

Para Fernão de Oliveira (1536:38), gramática é

> *(...) notação em algumas coisas do falar português, na qual ou nas quais eu não presumo ensinar aos que mais sabem, mas notarei o seu bom costume para que muitos aprendam e saibam quanto prima é a natureza dos nossos homens porque ela por sua vontade busca e tem de seu a perfeição da arte que outras nações adquirem com muito trabalho(...)*

Embora o trabalho deste primeiro gramático da Língua Portuguesa não siga, do ponto de vista estrutural, o modelo das gramáticas latinas, nele pode-se encontrar a preocupação não só com o bom uso mas também com o registro dele, dir-se-ia, hoje, sua descrição, entendendo-se esse bom uso como o dos homens *que sabem* a língua, sendo, portanto, desconsideradas as demais variantes lingüísticas do Português de sua época. Além disso, a busca de fontes latinas, Catão, Cícero, Quintiliano, Varrão, entre muitos outros, revela a presença da gramática latina como base para a sistematização da gramática portuguesa.

Roboredo, por sua vez, considera que *"...os fiis da Grāmatica são dous, a saber, fallar concertadamente, e este he o principal cōmum á arte, e ao uso; e ensinar scientificamente os preceitos, com os quaes se faz acquirir a conveniencia.*

Inserido na tradição greco-latina, define a gramática como arte, pressupondo, portanto, um conhecimento prático, previsto pelas Artes Liberales, uma das quais era a gramática. Apoiado na tradição escolástica (cf. Tringali, 1988:33), Roboredo considera a arte gramatical como um conjunto de normas racionais, justificadas para se fazer alguma coisa do melhor modo possível, ou seja, *falar consertadamente*.

Além desse aspecto, destaca, também, a questão do uso, só que, diferentemente de Oliveira, limita esse uso ao falar correto. Aponta ainda o ensino dessa disciplina, o que, obedecendo aos cânones científicos vigentes na época, habilitará o falante ao bom uso da língua.

Segundo Reis Lobato (1771:125), gramática é *"a arte, que ensina a fazer sem erros a oração Portugueza."* Sua definição aponta a ligação não só com o princípio do *"bom uso"* mas também com a concepção clássica de gramática, reafirmando, portanto, o modelo latino. Sendo arte, a gramática manifesta um saber fazer, expressando um conhecimento das coisas por seus efeitos e não por suas causas. (Cf. Fávero, 2001:60)

Frei Caneca (1875), um dos primeiros gramáticos brasileiros, define gramática como *"... a arte que ensina a fallar, ler e escrever corretamente a língua portuguesa."* Tal como Lobato, esse gramático defende não só o uso correto da língua como também vê a gramática de um ponto de vista prático, daí ser ela arte.

Ernesto Carneiro Ribeiro entende gramática sob duplo aspecto: *"Considerada de modo theorico, pode a grammatica definir-se a **sciência da linguagem**: é seu objecto, o estudo das leis ou normas segundo as quaes se exprime o pensamento pela linguagem, quer escripta, quer fallada. Estudando-a, porém, sob o aspecto pratico, podemos definil-a a **arte da linguagem**, (conjuncto de signaes pelos quaes o homem manifesta seus pensamentos)."*

Ao conceituá-la como arte, logo numa perspectiva prática, insere-se na tradição greco-latina, na mesma linha de Roboredo, Reis Lobato e Frei Caneca;

Considerações Finais

entretanto, ao considerá-la numa perspectiva teórica, definindo-a como "*a ciência da linguagem*", pautada pelos princípios do método científico, alinha-se na modernidade, herdeira da teoria gramatical dos Enciclopedistas. (Fávero, 2001:63) Daí propor a distinção entre gramática geral e gramática particular. Cabe à primeira, como ciência, estudar os princípios gerais e imutáveis da construção das línguas e, à segunda, como arte, compete estudar os princípios arbitrários próprios de uma dada língua. Nessa medida, a Gramática Portuguesa "*é a disciplina ou arte de ler, falar e escrever corretamente a língua portuguesa*. Aqui está novamente o respeito à tradição do "bom uso", típico do processo de gramatização.

Em síntese, enquanto Fernão Oliveira, Roboredo, Reis Lobato e Frei Caneca são continuadores da tradição greco-latina, quer por sua concepção de gramática, quer pela valorização do uso correto da língua ou de uma de suas variantes, Ernesto Carneiro Ribeiro representa, do ponto de vista historiográfico, tanto a continuidade como a descontinuidade em relação às idéias lingüísticas no que tange à concepção de gramática. Ele não só respeita a tradição grecolatina como também, inserido no espírito de seu tempo, rompe com essa tradição ao seguir os padrões da gramática científica. Daí a definição ampliada que faz de gramática.

Como se apontou inicialmente, há uma estreita relação entre gramática e ensino de língua. Esse é o ponto focalizado a seguir, destacando a descontinuidade que, em cada século, cada uma das gramáticas estudadas determinou no ensino da Língua Portuguesa.

Fernão de Oliveira, como professor que era de jovens da nobreza portuguesa, preocupa-se em ensinar, àqueles que não dominam a forma de expressão dos homens cultos, esse conhecimento da língua. Assim, respeitando a visão de mundo de sua época – o Estado Português existe – ensina a língua materna a falantes do Português, baseado tanto na língua latina quanto no "*bom costume*". Nesse aspecto ele rompe com a tradição que priorizava o ensino da língua latina. Contribui, dessa forma, para a imposição da variante culta como melhor modo de expressão e para o apagamento das manifestações lingüísticas de outras camadas do povo português, posição coerente com o processo de gramatização em curso.

Roboredo, preocupado com a dominação espanhola e com a necessidade de valorização da Língua Portuguesa, propõe um método de ensino de línguas "*muito accommodado para aprender todas as línguas com certeza, facilidade e brevidade.*" Considera que, a partir do ensino da gramática da língua materna, o aluno estará capacitado a aprender não só a sua língua mas também todas as línguas, o que ele propõe por comparação. Esse ensino deverá ser pautado por cânones científicos, o que parece significar, por parte daquele que ensina, não só conhecimento dos conteúdos gramaticais mas também o de métodos de ensino.

Essa visão de ensino antecipa em alguns séculos o que na década de 80, a teoria de Princípios e Parâmetros vai explicitar (Cf. Paiva Raposo,1992: 46): a **gramática universal** é o estágio inicial de um falante que está em processo de aquisição de uma língua. Ela é constituída por princípios e parâmetros, os últimos sem valores fixados. À medida que esses parâmetros vão sendo fixados, vai-se constituindo a gramática de uma língua dada. Segundo essa teoria, há um princípio que enuncia que todas as sentenças finitas têm sujeito, mas, para algumas línguas, como o Português, ele não necessita obrigatoriamente ser explicitado, ao passo que, para outras, como o Inglês ou o Francês, ele é obrigatório. Parece que, para Roboredo, o aluno perceberia os parâmetros típicos de uma dada língua a partir da comparação, uma vez que os princípios, comuns a todas as línguas naturais, o aprendiz já conheceria implicitamente. Essa posição pode ser melhor entendida pela afirmação de Chomsky: "*Quando falamos uma língua sabemos muito mais do que aquilo que aprendemos*" (apud Mioto et alii: 2000, contracapa).

Inovador para seu tempo, propõe um ensino de língua baseado em sentenças e não em palavras isoladas ou em termos distantes da vida cotidiana e da experiência dos alunos. Busca ainda aliar o conhecimento gramatical, que chama de *regular*, ao conhecimento do uso, que chama de *irregular*, já que o primeiro representa maior *certeza* e o segundo, *mais facilidade*. Assim, a união da certeza à mais facilidade é a meta de sua obra, caminho para um aprendizado mais eficiente da língua, uma vez que prescrição e descrição, dir-se-ia hoje, estão presentes em seu método. Além disso, propõe ainda que se aprenda uma língua por meio da "*copia de palavras*", sem a necessidade de professor, uma ruptura com seu tempo. Também enfatiza a aquisição de palavras latinas, portuguesas e espanholas, entendendo a aprendizagem de línguas numa perspectiva plurilíngüe, aspecto decorrente do contexto em que vive o gramático.

Reis Lobato, da mesma forma que Roboredo, considera que o aprendizado da gramática da língua materna seria um elemento facilitador para a aprendizagem de outras línguas. Antecipa, também, as idéias hoje propostas na Teoria de Princípios e Parâmetros. Diz ele: "*A razão disto he claríssima: por quanto na Grammatica Materna, de que já o uso nos tem ensinado a prática das suas regras, sem dificuldade se aprendem muitos principios, que são comuns a todas as linguas.* (apud Fávero, 1996:191). Assim, a gramática deve ser objeto de ensino na escola, tendo o seu trabalho gramatical sido adotado oficialmente nas escolas do século XVIII, em Portugal e suas colônias, como instrumento regulador das

Considerações Finais

normas legais, mas seguindo um método que é prevê etapas precisas. Por este caminho, o estudo da gramática, o aluno não só estará apto a aprender várias línguas mas também estará preparado para utilizar a melhor forma a língua, ou seja, aquela que está de acordo com os padrões do bom uso. Pela sua preocupação metodológica com o ensino da língua materna, esse gramático também representa a quebra de modelos estabelecidos.

Frei Caneca é professor, mas não de Língua Portuguesa. Ensina-a, porém, enquanto está preso, a seus companheiros de infortúnio. Propõe que a aprendizagem da língua deva ser feita por meio de formas descomplicadas, não havendo necessidade de se encher a cabeça dos alunos com regras e fórmulas distantes do uso. Ele revela uma concepção de ensino da língua avançada para sua época, pois, além de partir do uso, repudia a memorização do conhecimento inútil e respeita aquilo que, de certa forma, o educando já conhece pelo uso, aproximando-se, portanto, das modernas teorias de ensino e aprendizagem de cunho construtivista. Representa também a ruptura com o modelo de aprendizagem utilizado pelos professores seus contemporâneos.

Ernesto Carneiro Ribeiro considera o ensino da gramática um instrumento para o aprendizado da Língua Portuguesa. Defende que esse processo implica fusão de direções: a que trabalha com a abstração e a que enfatiza o concreto. Além disso, também a história da língua deve ser objeto de estudo na escola, uma inovação para sua época. Valoriza, assim, um modelo clássico de ensino e aprendizagem da língua, calcado em padrões portugueses.

Em síntese, pode-se verificar que alguns desses gramáticos, apesar de referendarem a tradição gramatical greco-latina, valorizando a norma de prestígio, quando pensam no ensino da língua materna adotam posições avançadas para o seu tempo. Com exceção de Oliveira, de Reis Lobato e de Carneiro Ribeiro, o uso, ou seja, variantes não prestigiadas socialmente são consideradas como importantes para a aquisição do *bom uso*.

Quanto à questão: em que medida, em suas obras, esses estudiosos adotaram os conhecimentos acatados na época ou deles se afastaram pela crença em valores diferenciados? pode-se afirmar o seguinte:

Fernão de Oliveira mantém-se fiel à tradição clássica no que diz respeito aos fundamentos gramaticais, mas rompe com essa tradição no que se refere ao ensino da língua, propondo o ensino da língua vernácula em detrimento do Latim, estando, portanto, coerente com a visão de mundo de sua época.

Roboredo, como o gramático anterior, não nega a tradição clássica, embora apresente em sua obra idéias inovadoras em relação à linguagem. Além desse viés tradicional, sua obra revela também influência da gramática de Francisco Sánchez de las Brozas, daí a defesa de princípios gerais a todas as línguas. Quanto ao ensino da língua, caracteriza-se como o introdutor de novas idéias que vão desde um método sem professor até o ensino com bases científicas.

Reis Lobato também perfila-se na tradição clássica no que tange ao conceito de gramática. Esse respeito à gramática latina vem acompanhado da observação dos preceitos propostos por Francisco Sánchez de las Brozas, que serve de embasamento teórico para o trabalho do gramático português, daí a universalização da gramática – a mesma para todas as línguas – desde que submetida à lógica, o que facilitaria a aprendizagem de outras línguas. Quanto à concepção de ensino, propõe o ensino da Língua Portuguesa em lugar da Latina, apresentado uma metodologia para esse ensinar, não deixando de apontar que esse aprendizado representa a possibilidade de se aprender futuramente qualquer língua. Esse processo prevê duas etapas:

1) leitura de um texto, com linguagem acessível ao aluno, de História Portuguesa;
2) reflexão sobre o funcionamento da língua, com explicações sobre regras do sistema lingüístico. Essa fase possibilita ao aprendiz não só a aprendizagem da língua materna mas também a da história pátria, preparando-o, assim, para um melhor desempenho futuro no mundo do trabalho.

Frei Caneca mantém a tradição greco-latina na construção de sua gramática. Sua base teórica foi Jerônimo Soares Barbosa, o que pode ser explicado, segundo Souza (1999:53), por ser esse autor oficialmente adotado nas escolas de Portugal e de suas colônias. Por essa filiação, Caneca mostra a existência de dois tipos de gramática: a geral e a particular, tendo se restringido, porém, apenas, à produção da Gramática Portuguesa, motivado, talvez, pelo forte espírito nacionalista que marcou suas ações. Nessa obra, valoriza a norma culta, embora rejeite, no ensino, a memorização de regras distantes das vivências do aprendiz.

Carneiro Ribeiro, como já se afirmou, segue também a tradição clássica; entretanto, coerente com a visão de mundo de seu tempo, pauta-se pelos princípios da gramática científica, o que vale dizer pelos conhecimentos da lingüística diacrônica. Baseando-se em autores franceses, sobretudo Brunot, rejeita a abordagem puramente sincrônica, valorizando também o aspecto histórico, daí sua visão pancrônica no que diz respeito aos estudos da linguagem, ou seja, variação e permanência, hoje marcas dos estudos funcionalistas, fazem-se presentes em suas reflexões. Em relação ao ensino, também mantém uma visão tradicional do processo de ensino e aprendizagem, no qual a gramática e os modelos literários clássicos são a matéria de estudo.

Considerações Finais

Por diferentes razões, as obras selecionadas foram e são representativas em relação às questões da linguagem em Língua Portuguesa. O trabalho de Oliveira, por seu caráter seminal, sem dúvida foi e continua sendo um marco em questões gramaticais da língua, sendo necessário seu estudo como elemento inicial do processo de gramatização em Língua Portuguesa. O de Roboredo, não só pelas inovações que traz mas sobretudo pela posição política que assume em relação à sua época, deve ser conhecido por todos aqueles que se interessam pelas questões de história da Língua Portuguesa, sendo representativo de outro momento da gramatização portuguesa. O de Reis Lobato, por ter sido a primeira gramática que, de forma sistemática, serve de base para o ensino da Língua Portuguesa e por ter sido também a primeira obra gramatical produzida com vista a dar cumprimento à legislação em vigor na época. O de Frei Caneca, por ser um dos primeiros gramáticos brasileiros, traz no seu bojo aspectos relacionados à constituição do Estado Brasileiro e da língua nacional. São esses valores fortemente defendidos pelo gramático, o que chega a custar-lhe a própria vida. Carneiro Ribeiro, pela aceitação e pela aplicação dos princípios da gramática científica, tal como é entendida no século XIX, e pela erudição que demonstra em seu trabalho, merece ser conhecido hoje como foi em sua época. Finalmente, todos esses autores, pelo aprofundamento que trazem às questões da língua portuguesa, seguindo cada um deles os cânones de seu tempo ou rompendo com eles, merecem ser revisitados com vistas à construção da história da gramática portuguesa, sob não importa que perspectiva. Aqui se escolheu a historiográfica para se iniciar um esboço dessa história, uma vez que o estudo do passado, de forma explicativa e crítica, revivifica-o no presente, possibilitando a preservação de idéias que modificaram o mundo em uma determinada época. A retomada do passado é importante para que os trabalhos nele produzidos possam ser conhecidos pelas gerações futuras, mantendo acesa a chama do espírito nacional pelo conhecimento da língua.

Sobre os autores

NEUSA MARIA OLIVEIRA BARBOSA BASTOS
Pós-Doutora pela Universidade do Porto/Portugal. Professora Titular do Departamento de Português da Faculdade de Comunicação e Filosofia da PUC/SP e do Departamento de Letras da Universidade Presbiteriana Mackenzie. Professora de cursos de graduação e pós-graduação lato sensu na PUC-SP, na São Marcos e também em outras instituições educacionais brasileiras. Autora de vários trabalhos publicados na área de Língua Portuguesa e Coordenadora do Programa de Estudos Pós-Graduados em Língua Portuguesa da PUC/SP e Coordenadora do IP-PUC/SP (Instituto de Pesquisas Lingüísticas "Sedes Sapientiae" para Estudos do Português da PUC/SP). Autora de artigos em anais e revistas nacionais e internacionais e de diversos livros, dentre os quais: *Imagens do Brasil: 500 anos.* (co-organização Beth Brait) São Paulo: EDUC, 2000; *Língua Portuguesa: uma visão em mosaico.* EDUC/IP-PUCSP, 2002. *Ensaios: Língua e Literatura* (co-organização Lílian Lopondo). São Paulo, Editora Scortecci/Mackenzie, 2003.

DIELI VESARO PALMA
Licenciada em Letras pela Universidade Presbiteriana Mackenzie. Mestre em Língua Portuguesa pela PUC-SP e Doutora em Lingüística Aplicada, também pela PUC-SP. Professora do Departamento de Português da Faculdade de Comunicação e Filosofia e do Programa de Estudos Pós-graduados em Língua Portuguesa da PUC-SP. Atualmente, Diretora da Faculdade de Comunicação e Filosofia da PUCSP. Professora de cursos de graduação e pós-graduação lato sensu não só da PUC-SP, mas também de outras instituições educacionais paulistas e, ainda, de cursos de redação em empresas. Autora de vários trabalhos publicados na área de Língua Portuguesa e de Comunicação, como em *Revista UNICSUL*. São Paulo: Universidade Cruzeiro do Sul, ano 1, nº 0, maio/1996. Língua *Portuguesa História, Perspectivas, Ensino* (org. Neusa Barbosa Bastos). São Paulo: EDUC, 1998. *Língua Portuguesa: uma visão em mosaico.* EDUC/IP-PUCSP, 2002.

NANCY DOS SANTOS CASAGRANDE
Professora Assistente-Doutor do Departamento de Português da Faculdade de Comunicação e Filosofia da PUC/SP. Mestre e Doutor em Língua Portuguesa pelo Programa de Estudos Pós-Graduados em Língua Portuguesa da PUC-SP. Coordenadora do Curso de SEB (Secretário Executivo Bilíngüe) da COMFIL – PUC/SP. Pesquisadora do GPeHLP – Grupo de Pesquisa Historiografia da Língua Portuguesa do IP-PUC/SP. Participante de vários congressos nacionais e internacionais,

com publicação de trabalhos em anais, revistas especializadas e livros, sendo a última publicação: *Ensino de Língua Portuguesa e políticas lingüísticas:século XVI e XVII* (em co-autoria com Neusa Bastos) In: *Língua Portuguesa:uma visão em mosaico.* (org. Neusa Barbosa Bastos). São Paulo: EDUC/IP-PUCSP, 2002.

ROSEMEIRE LEÃO DA SILVA FACCINA
Professora de Língua Portuguesa e Metodologia Científica do Departamento de Letras da Universidade Presbiteriana Mackenzie. Mestre e Doutora em Língua Portuguesa pela PUC/SP. Pesquisadora do GPeHLP (Grupo de Pesquisa Historiografia da Língua Portuguesa do IP-PUCSP e do Núcleo de Estudos Lusófonos – NEL – da Universidade Presbiteriana Mackenzie. Co-autora do livro Língua Portuguesa – Redação Técnica em uso. São Paulo: Umberto Pugliesi Editora, 1999. Publicação do artigo Século XX – Interculturalismo no ensino de línguas materna e estrangeiras: inglês e espanhol, no VI Simpósio Internacional de Comunicación Social, 2003, Santiago de Cuba.

MARILENA ZANON
Professora Assistente-Mestre do Departamento de Português da Faculdade de Comunicação e Filosofia da PUC/SP. Mestre em Língua Portuguesa, pela PUC-SP e doutoranda na mesma Universidade. Participante de vários congressos nacionais e internacionais, com publicação de trabalhos em Anais e Revistas específicas, docente colaboradora do NUPLE - Núcleo de Pesquisas Português para Estrangeiros, na preparação de dicionário de equivalência PORTUGUÊS/ESPANHOL e do GPeHLP – Grupo de Pesquisa Historiografia da Língua Portuguesa do IP-PUC/SP.

MARIA IGNEZ SALGADO DE MELLO FRANCO
Professora Assistente-Mestre do Departamento de Português da Faculdade de Comunicação e Filosofia da PUC/SP. Mestre em Língua Portuguesa, pela PUCSP. Professora de Morfossintaxe do Curso de Especialização em Língua Portuguesa, Stricto-Sensu da PUC/SP. Participante de Congressos de Lingüística, com ênfase na apresentação de estudos gramaticais. Membro do GPEHLP - Grupo de Pesquisa Historiografia da Língua Portuguesa do IP-PUC/SP. Participante da Implantação do Curso de SEB da PUC/SP e do seu Reconhecimento (08/05/84), publicado no D.O. de 10/05/84.

Maria Laura Pinheiro Ricciardi
Formada em Línguas Neolatinas pela Faculdade de Filosofia, Ciências e Letras "Sedes Sapientiae". Professora aposentada da Rede Pública Estadual e Professora de Língua Portuguesa na PUC/SP: curso de Letras. Participante de congressos acadêmicos em mesas-redondas e comunicações. Autora de várias publicações em Anais de artigos, principalmente, relacionados à Estilística. Membro do GPeHLP – Grupo de Pesquisa Historiografia da Língua Portuguesa do IP-PUC/SP.

Bibliografia

Fontes Primárias

BARRETO, I. F. *Ortografia da Língua Portuguesa*. Lisboa, na Officina de Ioam da Costa, 1671.

CANECA, Frei J. do A. D. "*Breve Compendio de Gramática Portugueza*" in MELLO, A. J. *Obras Politicas e Litterarias de Frei Joaquim do Amor Divino Caneca*, Recife: Typographia Mercantil, 1875.

MELLO, A. J. *Obras Politicas e Litterarias de Frei Joaquim do Amor Divino Caneca*, Recife: Typographia Mercantil, 1875.

OLIVEIRA, F. de. *A Gramática da Linguagem Portuguesa*. Lisboa: 1536. (introdução, leitura atualizada e notas por Maria Leonor Carvalhão Buescu. Imprensa Nacional-Casa da Moeda, 1975.).

REIS LOBATO, A. J. dos. *Arte da Grammatica da Língua Portugueza*. Lisboa: Regia Off. Typ, 1770.

RIBEIRO, Ernesto Carneiro. *Serões Gramaticais*. Salvador: Livraria Progresso, 5. ed.1950.

ROBOREDO, A. de. *Porta de linguas ou Modo Muito Accomodado para as entender publicado primeiro com a tradução Espanhola*. Lisboa, Officina de Pedro Craesbeeck impressor del Rei, 1623.

VÉRA, A.F. da. (1631) *Ortografia ou Modo para Escrever certo na lingua Portuguesa. Com Hum Trattado de Memoria artificial: outro da muita semelhança que tem a lingua Portuguesa com a Latina*. Lisboa, Per Mathias Rodriguez.

VERNEY, L.A.*Verdadeiro Método de Estudar, para ser útil à República, e à Igreja: proporcionado ao estilo, e necesidade de Portugal*. Valensa: Antonio Balle, 1726.

Fontes Secundárias

AFONSO, A. M. *Curso de história da civilização portuguesa*. 7 ed., Porto, Porto, s/d. *Princípios fundamentais da organização política e administrativa da nação*. Lisboa, 1969

ALMEIDA, A. C. L. de. *A república das Letras na corte da América Portuguesa: a reforma dos estudos menores do Rio de Janeiro setecentista*. Dissertação (Mestrado em História) – IFCS, Universidade Federal do Rio de Janeiro, 1995.

ALTHUSSER, L. *Ideologia e aparelhos ideológicos de estado*. Lisboa: Presença/ Martins Fontes, 1974.

ALTMAN, C. *A pesquisa lingüística no Brasil (1968-1988)*. São Paulo: Humanitas/FFLCH/USP,1998.

_____. "Questões em Historiografia Lingüística" in revista da ANPOLL, nº 2, 1996:45-70.

AMEAL, J. *História de Portugal*, Porto:Tavares Martins,1949.

ANDRADE, A. A. Banha de. *A reforma pombalina dos estudos secundários (1759-1771)*. Coimbra: Universidade de Coimbra, 1984.

ARANHA, M. L. de A. *História da Educação*. São Paulo: Moderna, 1989.

ARNAULD, A. e LANCELOT, C. *Gramática de Port Royal*. São Paulo, Martins Fontes,1992.

ARRUDA, J. J. de H. – *História Moderna e Contemporânea*, SP. Ática, 9. ed, 1978.

ASSUMÇÃO, C.C. *Reis Lobato Gramático Pombalino*. Lisboa: Moderna, 1997.

AUROUX, S. *A Revolução Tecnológica da Gramatização*. Campinas: Editora da UNICAMP, 1992.

_____. *A filosofia da linguagem*. Campinas: UNICAMP, 1998.

AZEREDO, J. C. de- *Fundamentos de Gramática do Português*, Rio de Janeiro:Zahar, 2000.

AZEVEDO, J. L. de. *O Marquês de Pombal e a sua Época*, 2 ed. Rio de Janeiro, 1922.

BARRETO, I.F. (1671) *Ortografia da Língua Portuguesa*. Lisboa, na Officina de Ioam da Costa.

BASBAUM, L. *História sincera da República: das origens até 1889*. Rio de Janeiro: São José, vol. 1, 1957.

BASTOS, N. M. O. B. *Contribuição à História da Gramática Portuguesa: o século XVI*. Dissertação de Mestrado. São Paulo: PUC/SP, 1981.

_____. *Contribuição à História da Gramática Portuguesa – século XVII*. Tese de Doutorado – PUC/SP,1987.

_____. *O Papel do Professor no Ensino de Língua Portuguesa*, SP. IP/PUC-SP, co-edição de Selinunte Editora 1995.

BERNARDINO, T. *Sociedade e atitudes mentais em Portugal (1777-1810)*. Imprensa Nacional-Casa da Moeda. Portugal, 1982.

BOGDAN, R. e BIKLEN, S. *Investigação Qualitativa em Educação – Introdução à teoria e aos métodos*. Porto: Porto Editora Ltda, 1994.

BORBA, F. da S. *Introdução aos Estudos Lingüísticos*, São Paulo: Nacional, 1967.

BOSI, A. *A História Concisa da Literatura Brasileira*, São Paulo:Cultrix, 2ª ed., 1979.

BUESCU, L. C. "A Língua Portuguesa, Madre e não Madrasta. Uma busca Equívoca mas eficaz: a Gramática Universal" in BASTOS, N. M. B. (org.) *Língua Portuguesa: História, Perspectivas, Ensino*. São Paulo: EDUC, 1998.

BIBLIOGRAFIA

BRÉJON, M. (org.) *Estrutura e Funcionamento do Ensino de 1º e 2º. Graus*, SãoPaulo: Pioneira, 1977.

BRITO, Lemos- *A Gloriosa Sotaina do Primeiro Império* (Frei Caneca) série 5ª, Brasileira, v. 81, Bibliotheca Pedagógica Brasileira: São Paulo: Nacional, 1937.

CALAIN. *Idéias- Introdução à Filosofia*, São Paulo: Martins Fontes, 1993.

CAMBI, F. *História da pedagogia*. São Paulo: UNESP, 1999.

CARVALHO, L. R. de. *As reformas pombalinas da instrução pública*, in Boletim da USP, Faculdade de Filosofia, Ciências e Letras, História e Filosofia da Educação, n. 1, São Paulo, 1952.

CAVALCANTE, M.J. *CEFAM: Uma Alternativa Pedagógica para Formação do Professor*, São Paulo:Cortez, 1994.

CHANDEIGNE, M. (org.) *Lisboa Ultramarina – 1415-1580: a invenção do mundo pelos navegadores*. Rio de Janeiro: Jorge Zahar Editora, 1992.

CIDADE, H. *Lições de cultura luso-brasileira – épocas e estilos na literatura e nas artes plásticas*. Livros de Portugal – Rio de Janeiro, Porto, Tipografia Nunes, 1960.

COHEN, J. et. alii. *Pesquisas de Retórica*. Petrópolis, Ed.Vozes, 1975.

COLOMBO, C. *Diários da Descoberta da América*. São Paulo: Martins Fontes, 1984.

CUNHA, C. *Língua Portuguesa e Realidade Brasileira*. 10.ed. Rio de Janeiro: Tempo Brasileiro, 1994.

DE CLERQ, J. SWIGGERS, P. "L'Histoire de la Linguistique: L'autre Histoire et L'Histoire d'une Histoire". *Neue Fragen der Linguistik* org. por Elizabeth Felbusch, Reiner Pogarell e Cornelia Weiss. Tübingen: Verlag, 1991.

DELTA LAROUSSE- Grande Enciclopédia, c. IV, Rio de Janeiro: Delta, 1970, p. 2289

DIAS, J. S. da S. *Portugal e a Cultura Européia (Séc. XVI a XVIII)*. Coimbra: Portugal, 1953.

DUBOIS, J. et alii. *Retórica Geral*. São Paulo: Ed. Cultrix, 1974.

DUCROT, O. *Provar e dizer*. São Paulo: Global, 1981.

_____. *O dizer e o dito*. Campinas: Pontes, 1987.

FARIA, Wilson de- Aprendizagem e Planejamento de Ensino. SP: Ática, 1989.

FAUSTO, B. História do Brasil. 2 ed. São Paulo: EDUSP e FDE, 2001.

FÁVERO, L.L. *As Concepções Lingüísticas no Século XVIII – A gramática portuguesa*. Campinas:Editora da UNICAMP,1996.

_____. "Gramática é a Arte...", in *História das Idéias Lingüísticas*. (Org. Eni P. Orlandi), Cáceres, Mato Grosso, Ed. Pontes & Unemat, 2001.

FERREIRA, A. B. de H. *Novo Dicionário Aurélio da Língua Portuguesa*, Ed. Nova Fronteira, 2ª ed., s/d.

FERREIRA, J. *História de Portugal*. Porto, Domingos Barreira, 1951.

FERRO, M. *História das civilizações: das conquistas às independências: séculos XIII a XX*. São Paulo: Companhia das Letras, 1996.

FIGUEIREDO, F. *História Literária de Portugal (séculos XII – XX)*. Coimbra: Nobel, 1944.

_____. *História Literária de Portugal*. São Paulo: Ed. Nacional, 1967.

FONSECA, J. R. da. *Expansão Económica de Portugal*. Lisboa: Associação Comercial de Lisboa, 1933.

FOUCAULT, M. *Arqueologia do saber*. Petrópolis, Vozes, 1971.

GENOUVRIER E. e PEYTARD, J. *Lingüística e Ensino de Português*. Adaptação do original francês por Rodolfo Ilari. Coimbra: Almedina,1974.

Grande Enciclopédia Delta Larousse, vol. IV, VI e X. Rio de Janeiro, Ed. Delta, 1970.

GUIMARÃES, E. & ORLANDI, E. P.(Orgs.) *Língua e Cidadania. O Português no Brasil*. Campinas: Pontes, 1996.

GUIMARÃES, E. "Formação de um Espaço de Produção Lingüística; A Gramática no Brasil" in *História das Idéias Lingüísticas – construção do saber metalingüístico e constituição da língua nacional*. (Eni Orlandi, org.). Campinas: Pontes; Cáceres: Unemat Editora, 2001, p. 21-38.

HADDOCK LOBO, R. *Pequena história da economia*. 4 ed., São Paulo: Martins, 1968.

HARRIS, N. *A Arte de Michelangelo*. Rio de Janeiro: Ao Livro Técnico, 1994.

KOERNER, K. *"On the problem of influence in Linguistic Historiography"*. In: AARSLEFF et al., (eds.), 1987, p 13-28.

_____. *Practicing linguistic historiography: select essays*. Amsterdan & Philadelphia: John Benjamins, 1989.

_____. "Questões que persistem em historiografia lingüística" in *Revista ANPOLL*, nº 2, p.47-70,1996.

KUHN, T. *A Estrutura das Revoluções Científicas*. São Paulo: Perspectiva, 2000, 5ª ed.

LAROCA, M. N. de C. *Manual de Morfologia do Português*. Campinas: Pontes; Juiz de Fora: UFJF, 1994.

LEI de Diretrizes e Bases da Educação Nacional (Lei Federal no. 9394), aprovada em 20 de dezembro de 1996.

LEMOS BRITO. *A Gloriosa Sotaina do Primeiro Império* (Frei Caneca) Série 5ª Brasiliana v. 81, Bibliotheca Pedagogica Brasileira. SP:Edições da Cia. Ed. Nacional, 1937.

LEMOS, V. *A Língua Portuguesa no Brasil*. São Paulo: Companhia das Letras, 1995.

LEROY, M. *As Grandes Correntes da Lingüística Moderna*, trad. de Izidoro Blikstein e José Paulo Paes, 2ª ed., São Paulo: Cultrix, 1971.

LÍNGUA PORTUGUESA- Programa de 1º Grau. Cidade de São Paulo, Secretaria Municipal de Educação, Departamento de Planejamento e Orientação, dezembro de 1985.

LUNA, L. M. F. de. *O Português na Escola Alemã de Blumenau: da formação à extinção de uma prática – Ensinávamos e aprendíamos a Língua do Brasil*. Blumenau: Ed. FURB, 2000.

LUZURIAGA, L. *História da Educação e da Pedagogia-*, trad. de Luiz Damasco Penna e J.B. Damasco Penna, 13ª ed. SP: Nacional, Atualidades Pedagógicas, vol. 59, 1981.

MARCUSCHI, Luiz Antônio- *A Língua Falada e o Ensino de Português*. In BASTOS, Neusa M. (org.): *Língua Portuguesa. História, Perspectivas*, Ensino. SP: Moraes, 1984.

MAGALDI, A. M., ALVES, C. GONDRA (org.) *Educação no Brasil: história, cultura e política*. Estudos CDAPH. Série Historiografia, EDUSF, 2003.

MARTINS, N. S. *História da língua portuguesa – V. século XIX*. São Paulo: Ática, 1988.

MENEZES, R. de. *Dicionário Literário Brasileiro Ilustrado*, v. II, São Paulo:Saraiva,1969.

MIOTO, C. et alii. *Manual de Sintaxe*. 2ª ed. ver. Florianópolis: Insular, 2000.

MOISÉS, Massaud. *Dicionário de Termos Literários*, São Paulo: ed. Cultrix, 1978, 2ª ed.

MOREL PINTO, R. *História da Língua Portuguesa*. Vol. IV-Século XVIII. São Paulo: Ática,1988.

NOVAIS, F. A. *Estrutura e dinâmica do antigo sistema colonial* (séculos XVI-XVIII). 2. ed. São Paulo, Brasiliense. Caderno Cebrap nº 17, 1975.

NUNES, R.A. da C. *História da educação no século XVII*. São Paulo: EPU/EDUSP, 1981.

ORLANDI, E. P. *Língua e Conhecimento Lingüístico – Para uma História das Idéias no Brasil*, São Paulo: Cortez, 2002.

_____. (org.) *História das Idéias Lingüísticas*, Mato Grosso: Pontes/UNEMAT. 2001.

PARÂMETROS CURRICULARES NACIONAIS. Língua Portuguesa. Secretaria de Educação Fundamental, 2ª ed., Rio de Janeiro: DP&A, 2000.

PROENÇA FILHO, D. *Estilos de Época na Literatura*. SP: Liceu, 2.ed. 1969.

PROPOSTA CURRICULAR de Língua Portuguesa para o ensino de 1º grau, CENP/SE-1986.

PADOVANI, U. & CASTAGNOLA, L. *História da Filosofia*. São Paulo: Melhoramentos, 1984.

PÊCHEUX, M. *Semântica e discurso*. Campinas: UNICAMP, 1988.

PINTO, R.M. *História da língua portuguesa – IV século XVIII*. São Paulo: Ática,(1988)

RAPOSO, E.P. *Teoria da Gramática. A Faculdade da Linguagem.*2ª ed. Lisboa: Editorial Caminho, 1992.

REMÉDIOS, M. dos. *História da literatura portuguesa – desde as origens até a actualidade*. Coimbra: França Amado, 1914.

RIBEIRO, M. L. S. *História da Educação Brasileira – A Organização Escolar*, 3ª ed., São Paulo: Moraes, 1984.

ROSA, M. G. *A história da educação através dos textos*. São Paulo: Cultrix, 1993.

SANTOS, B. DE S. *Um discurso sobre as ciências*. 12ª ed. Porto: Afrontamento, 2001.

SANTOS, T. M. *Noções de História da Educação*. São Paulo: Companhia Editora Nacional, 1952.

SERRÃO, J. V. *História de Portugal*. V I, Lisboa: Verbo, 1979.

_____. *História de Portugal*. V II, Lisboa: Verbo, 1979

_____. *História de Portugal*. V III, Lisboa: Verbo, 1979

_____. *Portugal en el mundo – un itinerario de diménsion universal*. Madrid: Editorial Mapple, 1992.

SILVA NETO, S. da. *História da Língua Portuguesa*. Rio de Janeiro: Livros de Portugal, 1952.

SILVEIRA, Bueno F. da. *Gramática Normativa da Língua Portuguesa* (curso superior). São Paulo: Ed. Saraiva, 1968, 7ª ed.

SOARES, M. B. *Ensinando Cmunicação em Língua Portuguesa no 1º Grau*- Sugestões Metodológicas 5ª a 8ª séries. Rio de Janeiro: MEC/Departamento de Ensino FundamentaL/ Fename, 1979.

SOUZA e SILVA, M. C. P. e KOCH, I. V. *Lingüística Aplicada ao Português: Morfologia*, São Paulo: Cortez, 1983.

SOUZA, R.A. de. *O Império da Eloqüência*. Rio de Janeiro: EdUERJ: EdUFF, 1999.

SPINA, S. *História da língua portuguesa – III segunda metade do século XVI e século XVII*. São Paulo: Ática, 1987.

SWIGGERS, P. *"Histoire et Hitoriographie de la linguistique"*. Resenha a SEBEOK (ed.). Semiótica 31 (1/2), 1975, p: 107-137.

_____. "Histoire et Historiographie de l'ensignement du français: modèles, objects et analyses". *Études de Linguistique Appliquée*. Daniel Coste (ed.) nº 78, 1991.

TRINGALI, D. *Introdução à retórica – A retórica como Crítica Literária*. São Paulo: Duas Cidades, 1988

VASCONCELOS, J.L. de. *Lições de filologia portuguesa*. 2 ed. Biblioteca Nacional, Lisboa, 1926.

VIDAL, D. G. e HILSDORF, M. L. S. (orgs.) *Tópicas em História da Educação*, São Paulo: EDUSP. 2001

VOGT, C. *Linguagem, pragmática e ideologia*. São Paulo: HUCITEC, 1980.

Conheça outros Títulos do nosso Catálogo

Fundamentos Histórico-Lingüísticos do Português do Brasil
Sílvio Elia – ISBN 85-86930-31-8

Estudos de Língua Oral e Escrita
Dino Preti – ISBN 85-86930-33-4

O Contrato de Comunicação da Literatura Infantil e Juvenil
Ieda de Oliveira – ISBN 85-86930-29-6

Articulação Textual na Literatura Infantil e Juvenil
Leonor Werneck dos Santos – ISBN 85-86930-27-X

Tecendo Textos, Construindo Experiências
Angela Paiva Dionisio e Normanda Beserra (Orgs.) – ISBN 85-86930-28-8

Gêneros Textuais & Ensino
Angela Dionisio, Anna Rachel Machado e Mª Auxiliadora Bezerra – ISBN 85-86930-18-0

Texto e Discurso: mídia, literatura e ensino
Maria Aparecida Lino Pauliukonis e Sigrid Gavazzi (Orgs.) – ISBN 85-86930-25-3

O Livro Didático de Português (2ª ed.)
Angela Paiva Dionisio e Maria Auxiliadora Bezerra (Orgs.) – ISBN 85-86930-14-8

Tradução de Humor
Marta Rosas – ISBN 85-86930-17-2

Linguagem sobre Sexo no Brasil
Max Araripe – ISBN 85-86930-07-5

Língua Brasil: Não Tropece na Língua - vol. 1 Crase, Pronomes & Curiosidades
Maria Tereza de Queiroz Piacentini – ISBN 85-86930-32-6

Na Ponta da Língua (Coletânea de Artigos)
Vol.1 (2ª ed.) – ISBN 85-86930-02-4
Vol.2 (2ª ed.) – ISBN 85-86930-11-3
Vol.3 (1ª ed.) – ISBN 85-86930-15-6
Vol.4 (1ª ed.) – ISBN 85-86930-19-9
Vol.5 (1ª ed.) – ISBN 85-86930-26-1

Moderna Gramática Portuguesa (37ª ed. revista e ampliada)
Evanildo Bechara – ISBN 85-86930-05-9

Gramática Escolar da Língua Portuguesa (1ª ed.) (com exercícios e respostas)
Evanildo Bechara – ISBN 85-86930-16-4

Lições de Português pela Análise Sintática (16ª ed. rev. e ampl.) (com exercícios e respostas)
Evanildo Bechara – ISBN 85-86930-13-X

Educação e Transdisciplinaridade
Severino Antônio – ISBN 85-86930-22-9

A Utopia da Palavra
Severino Antônio – ISBN 85-86930-23-7

A Educação e o Sagrado
Laureano Guerreiro – ISBN 85-86930-24-5

Linguagem & Trabalho
Francisco Duarte e Vera Feitosa (orgs.) - ISBN 85-86930-03-2

Provérbios e Máximas (em 7 idiomas – 2ª ed.)
Josué Rodrigues de Souza (Org.) – ISBN 85-86930-08-3

Nas Arte-Manhas do Imaginário Infantil (2ª ed.)
Fátima Miguez - Graça Lima (Ilustr.) – ISBN 85-88038-02-1

EDITORA LUCERNA® e **EDITORA ZEUS®**
são marcas registradas da **Editora Y.H. Lucerna Ltda.**

VISITE NOSSA PÁGINA NA INTERNET
WWW.LUCERNA.COM.BR

Este livro foi impresso na gráfica Sermograf
R. São Sebastião, 199 – Petrópolis – RJ
em abril de 2004 para a
EDITORA LUCERNA